hänssler

Maike Sachs

Auf den zweiten Blick

Begegnungen mit
Menschen der Bibel

Maike Sachs, Jg. 1960, ist verheiratet, hat vier Kinder und wohnt in St. Johann-Lonsingen. Sie ist Pfarrerin, engagiert sich in der Frauenarbeit und war einige Jahre in der Mission tätig.

Hänssler
Bestell-Nr. 394.379
ISBN 3-7751-4379-3

Internet: www.haenssler.de
E-Mail: info@haenssler.de
Umschlaggestaltung: Ingo C. Riecker
Titelbild: Micha Pawlitzki
Satz: Vaihinger Satz & Druck, Vaihingen/Enz
Druck und Bindung: Oldenbourg Taschenbuch GmbH, Kirchheim
Printed in the Czech Republic

ecpa International Member of the Evangelical Christian Publishers Association

Inhalt

Inhalt

Statt eines Vorworts

■ Mit biblischen Geschichten vertraut zu werden ist schön. Sie begegnen Kindern in der Jungschar und im Religionsunterricht, sie gehören zum Gottesdienst und in den Hauskreis, sie begleiten uns auf Freizeiten und im persönlichen Bibellesen.

Mit biblischen Geschichten und ihren Personen vertraut zu werden ist gut, so lange wir uns nicht an sie gewöhnen. Wenn es uns so geht wie den 10- oder 12-Jährigen, die es in keinen christlichen Kreis mehr zieht, weil sie sagen: »Ich kenne doch schon alles!«, dann tut es gut, einmal innezuhalten.

Denn was auf den ersten Blick vertraut erscheint, birgt noch manche Überraschung in sich. Es braucht den zweiten Blick. Es braucht ein wenig mehr Zeit als das schnelle Darüberlesen. Aber es lohnt sich. Die biblischen Geschichten wollen uns ja nicht nur vertraut werden, sondern auch einen Weg eröffnen, damit wir Gott begegnen können. Was die Menschen der Bibel erlebt haben, können auch wir erleben: Die Begegnung mit Gott prägt, verändert und macht ein Leben reich.

Deshalb lohnt es sich, ab und zu mal anzuhalten und genau hinzusehen – auch bei scheinbar bekannten biblischen Geschichten.

Josef

Versöhnung kommt nicht von ungefähr

Dann sah Jakob in einiger Entfernung Esau mit 400 Mann herankommen. Er verteilte seine Kinder auf Lea und Rahel und auf die beiden Sklavinnen. Dann stellte er die Sklavinnen mit ihren Kindern ganz vorne auf, dahinter Lea mit ihren Kindern und zuletzt Rahel und Josef. *1. Mose 33,1-2*

■ Der kleine Josef wird Zeuge einer sehr spannenden Begegnung, die sein Vater Jakob an diesem Tag hat. Vor Jahren hatte Jakob seinen älteren Bruder Esau um sein Erbe gebracht und war vor seinem Hass geflohen. Mit dem Tod hatte der wütende Bruder ihn bedroht. Inzwischen waren Jahre ins Land gegangen. Beide Brüder hatten geheiratet, eine Familie gegründet und sich wirtschaftlich eine solide Lebensgrundlage geschaffen. Aber wie war es mit Zorn, mit Groll und Bitterkeit? Galten die alten Drohungen des Betrogenen immer noch?

Heute würde Jakob zurückkehren und es war nicht sicher, ob er diese Begegnung überleben würde. Die Sache war noch nicht ausgeräumt. Wie mochte wohl die Stimmung in der Jakobs-Familie sein? Sicher war es nicht üblich, dass Jakob als das Oberhaupt der Sippe seine Frauen oder Kinder um Rat fragte. Das eigentliche Ringen machte er mit sich aus und mit seinem Gott.

Aber es wird spürbar gewesen sein, unter welchen Spannungen der Vater stand. Er wird auch angekündigt haben, unter welchen Gefahren sie jetzt den Übergang über den Grenzfluss wagten. Die Nachricht, dass Esau ihnen mit einer kleinen Armee entgegenkam, wird die Ängste noch geschürt haben. Der sicherere Weg wäre sicherlich gewesen, das Weite zu suchen und auf das Erbe des Vaters zu verzichten, das Jakob ja immer noch nicht angetreten hatte. Schließlich war er damals nur mit dem, was er auf dem Leib trug, geflohen. Hätte Jakob aber auch jetzt wieder die Flucht angetreten, dann wären der Zorn und die Bitterkeit für immer geblieben. Zur Versöhnung wäre es nie gekommen.

Dieser Tag war ein großes Wagnis, aber es war der einzige Weg, unbereinigte Dinge endgültig aus der Welt zu schaffen, so oder so – durch den Tod oder durch die Vergebung.

Josef, der geliebte Sohn, wird Zeuge, wie sich sein Vater dem Bruder zu Füßen wirft. Der stolze Vater, der sonst mit allen Wassern gewaschen war, lieferte sich und seine große Familie dem Bruder aus, von dem er noch nicht wusste, wie er heute gestimmt war.

Und dann geschah das Wunderbare: Der Bruder und Onkel Esau fiel Jakob um den Hals. Er zeigte nur eine tiefe Freude übers Wiedersehen, lehnte sogar die Versöhnungsgeschenke ab, die ihm Jakob entgegengeschickt hatte. Die Familie war gerettet, die Spannung konnte sich lösen und das Leben weitergehen!

Einige Jahrzehnte später wiederholt sich die Szene.

Jetzt sind es die Brüder von Josef, die sich in tiefer Reue vor ihrem Bruder niederwerfen. Sie haben in diesem Moment keine Geschenke dabei, mit denen sie den Betrogenen günstig stimmen könnten. Sie stehen als Menschen vor ihm, die davon leben, dass er ihnen die Mittel dazu gibt. Aber auch ohne Geschenke reagiert Josef wie sein Onkel: Er fällt ihnen um den Hals und weint vor Freude darüber, dass sie sich wiedergefunden haben.

Was Kinder erleben ist nicht ohne Bedeutung. Sie erfassen mehr, als ihre Eltern manchmal ahnen. Sie spüren die Spannungen, die in der Luft liegen, und beobachten genau, wie sich die Erwachsenen verhalten. Das Verhalten der Großen ist ihnen Antwort auf die Frage, wie sie selbst einmal mit solchen Situationen umgehen sollen. Deshalb vermitteln Eltern ihren Kinder weit mehr Werte durch ihr eigenes Handeln als durch ihr Reden.

Jakob gibt seinen Kindern, ohne es beabsichtigt zu haben, ein eindrückliches Lehrstück in Sachen Versöhnung. Bei Josef kommt es gut an. Josef lernt, dass nur Versöhnung Leben erhält. Wenn jeder nur seinen verletzten Gefühlen nachginge, wäre das Leben nicht nur unendlich schwer, es würde buchstäblich ersticken. Das hat Josef als Kind verstanden und er setzt es später um. Er eröffnet seinen am Boden zerstörten, beschämten Brüdern einen neuen Anfang. Er öffnet ihnen die Tür zum Leben.

ZUM NACHDENKEN:

»Bis sie zwölf Jahre sind, tun die Kinder, was die Eltern sagen, danach aber machen sie, was die Eltern tun.« *Gary Chapman*

Josef

Eine besondere Art der Karriere

Doch der Herr war auch dort mit Josef und sorgte dafür, dass Josef die Gunst des Gefängnisverwalters gewann. *1. Mose 39,21*

■ Karriere machen im Gefängnis – eine ganz eigenartige Sache. Doch genauer betrachtet, macht Josef überall Karriere, ganz gleich, an welchem Ort er sich befindet. Da hatten ihn seine Brüder an eine ismaelitische Karawane verkauft, die ihn auf einer mehrtägigen Wüstenwanderung mit nach Ägypten nahm. Der Weg führte ihn über den Sklavenmarkt in das Haus eines Mannes mit Namen Potifar. Bald schon fiel es seinem Herrn ins Auge, dass Josef die Arbeit leicht von der Hand ging. Nicht nur, dass er verlässlich und treu arbeitete, die Dinge hatten Hand und Fuß, wann immer Josef die Verantwortung dafür übernahm. Also stieg Josef auf und wurde zum Verwalter eines herrschaftlichen Hauses.

Aufgrund falscher Anschuldigungen endete diese erste Karriere im Gefängnis, allerdings im Gefängnis für angesehenere Persönlichkeiten. Und wieder fiel Josef als geschickt, zugänglich und verlässlich auf. Er durfte aus seiner Zelle heraus und die Betreuung der anderen Gefangenen übernehmen.

Gehen wir in Gedanken noch einige Zeit in die Zukunft hinein, dann entdecken wir wieder, dass Josef die Menschen durch Überblick und Weisheit beeindruckte. Sogar der König von Ägypten gestand sich ein, dass es besser war, das Wohl seines Volkes in Josefs Hände zu legen, als selbst dafür sorgen zu wollen. War Josef überdurchschnittlich begabt? War seine Persönlichkeit so faszinierend, dass ihm niemand widerstehen konnte?

Die Bibel nennt eine andere Erklärung. Sie stellt fest, dass Gott, der Herr, selbst an der Seite Josefs war und seine Hände segnete. Das war sein Geheimnis.

Der Herr war mit ihm. Was für ein Trost für Josef auf diesem Weg, der doch wie eine Achterbahn immer wieder in die Tiefe führte! Wann immer dieser junge Mann verraten und buchstäblich verkauft war, ließ ihn sein Gott nicht im Stich. Der Herr war mit ihm.

Ist es uns auch bewusst, dass wir einen Gott haben, der nicht nur Höhenwege geht, der zu seinen Leuten steht, auch wenn sie auf einem Weg sind, für den sich andere zutiefst schämen? Vielleicht liegt hier das Geheimnis dafür, dass Josef nicht verbitterte, sondern die Größe hatte, Gottes Hand auch auf seinem schweren Weg zu sehen.

Der Herr war mit ihm. Es war der Schlüssel dafür, dass Josef die Arbeit gut gelang. Es waren ja keine großartigen Dinge, die ein Sklave oder ein Gefängnisinsasse zu tun hatte. Im Gegenteil, ihnen fielen die niedrigsten Arbeiten zu: Teller waschen, den Fußboden aufwischen und Toilette putzen. Aber auch da war Gott mit Josef.

Es gibt keine Arbeit, die in Gottes Augen zu gering und zu schmutzig ist, als dass er uns nicht begleiten könnte, während wir sie tun. Er ist sich nicht zu fein, auf die einfachsten Dinge seinen Segen zu legen. Wenn wir Gott nur am Sonntag und im sauberen Kleid im Gottesdienst besuchen, statt in jedem Moment unseres Alltags mit ihm zu rechnen, dann liegt es an uns selbst. Gott jedenfalls meint es anders.

Der Herr war mit ihm. Nicht nur, dass Gott in jedem Augenblick und an jedem Ort um Josef war, er schenkte ihm das nötige Gelingen. Mehr noch, er schenkte ihm ein Gelingen, das seine Vorgesetzten und Herren in Erstaunen versetzte. So etwas hatten sie noch nicht gesehen. Davon wollten sie gerne profitieren und diesen Mann noch mehr einspannen.

Ob wir das noch vor Augen haben, dass unser Tun und Lassen Gottes Gegenwart braucht? Bitten wir noch um seinen Segen fürs Alltägliche? Erwarten wir seine Hilfe nur, wenn es nicht klappt, oder erfahren wir auch den Erfolg als ein Gottesgeschenk?

In alten Liedern kommt dieses Bewusstsein zum Tragen. Wo das Wachstum auf den Feldern stets von Witterung und Gottesschutz abhängig war, da wurde Gottes Segen lebensnotwendig. Aber das heißt nicht, dass es heute anders ist. Gott ist auch mit uns. Mit ihm können auch wir Karriere machen, was immer unser Job ist.

ZUM NACHDENKEN:

»Die Hände, die zum Beten ruhn,
die macht er stark zur Tat,
und was der Beter Hände tun,
geschieht nach seinem Rat.« *Jochen Klepper*

Josef

Von den Tränen der Verzweiflung

»Deshalb bitten wir dich uns zu vergeben. Wir dienen doch demselben Gott wie unser Vater.« Als Josef die Nachricht erhielt, musste er weinen.

1. Mose 50,17

■ Eine Geschichte erzählt von zwei Brüdern, die sich heftig zerstritten und seitdem kein Wort mehr miteinander gewechselt hatten. Als der eine Bruder im Sterben lag, schickte er seine Frau zum Bruder, um ihn an sein Sterbebett zu bitten. Er ließ ihm ausrichten: »Bitte, komm und versöhne dich mit mir. Ich kann so nicht sterben.« Der Bruder aber blieb hart. Er schickte seine Schwägerin wieder nach Hause mit dem Bescheid: »Ich komme nicht. Denn ich kann so leben.«

Es kann also auch anders gehen als in der Geschichte von Josef und seinen Brüdern. Wir wissen nicht, was geschehen wäre, wenn die Brüder von Josef am längeren Hebel gesessen hätten. Ob sie ihrem Bruder die Versöhnung angeboten hätten?

So wie sie geprägt sind, können sie es auch jetzt noch

nicht glauben, dass nun alles gut sein soll. Dabei hatte es ihnen Josef schon mehrfach versichert. Gleich als sie ihn erkannt hatten, fielen sie vor Schreck auf die Knie, er aber fiel ihnen um den Hals. Dann hatten sie es im Angesicht des Vaters noch einmal gehört, dass Josef ihnen nichts nachzutragen gedachte.

Doch nun fürchten sie tatsächlich nach dem Tod des Vaters, dass es sich Josef noch einmal anders überlegen könnte. Wieder beschleicht sie die Angst. Noch den sterbenden Vater hatte die Sorge umgetrieben, Josefs Vergebung sei keine Vergebung, sondern nur eine Art Stillhalteabkommen.

Josef ist erschüttert über so viel Misstrauen. Er bricht in Tränen aus und weint aus Verzweiflung. Er kann es nicht fassen, warum seine Brüder nicht begreifen. Sie scheinen tatsächlich aus einem ganz anderen Holz geschnitzt zu sein als er. Wie unterwürfig ängstlich ist auch die Bezeichnung, die sie sich verleihen: Diener des Gottes deines Vaters! Knechte, Abhängige, hinter dem Rücken des Vaters versteckt, ohne eigene Beziehung zu dem Gott, der sie gerettet, zusammengeführt und vor dem Hungertod bewahrt hat. Zwischen Josef und seinen Brüdern tun sich Welten auf.

Das gibt es bis heute, dass sich Welten zwischen Menschen auftun. Sobald wir mit Menschen, die anders glauben als wir, über den ersten belanglosen Talk hinwegkommen, spüren wir, wie Werte und Ansichten weit auseinander klaffen. Es ist, als würde uns der gemeinsame Boden unter den Füßen weggezogen. Wir ahnen vielleicht, was der andere meint, aber wir merken, dass er unser Denken nicht erfasst, weil es für ihn die Dimension Gottes einfach nicht gibt.

Je näher wir uns einem Menschen fühlen, umso schmerzhafter ist es, diese Kluft zu spüren.

Eigentlich passiert hier mit uns genau das, was geschieht, wenn Gott selbst versucht, mit den Menschen dieser Erde in Kontakt zu kommen. Nicht nur, dass er in seiner Heiligkeit nicht erkannt wird. Auch sein Wesen, das voll Güte und Barmherzigkeit ist, erntet recht besehen nur Kopfschütteln.

Erfahrene Leute, die wissen, wo es lang geht, würden es heftig bestreiten, dass man mit solchen Eigenschaften die Welt regieren kann. Mit harten Bandagen muss man kämpfen, aber doch nicht so. Sich durchsetzen muss man, aber doch nicht anderen den Weg frei machen. Erbarmungslos zur Rechenschaft ziehen, das ist gerecht, aber doch nicht vergeben und die Strafe für andere tragen. Mensch und Gott trennen wahrlich Welten.

Wie aber muss es Jesus da ergangen sein, als er aus der einen Welt, der Welt des Vaters, zu uns gekommen ist! Wie muss es ihn geschmerzt haben, dass es unter uns so anders läuft! Wie hat er geweint, weil wir Menschen uns so schwer tun, wenn er uns herzlich zu sich einlädt!

Auch Jesus kennt die Tränen der Verzweiflung. Und Jesus macht es genau wie Josef: Er sagt es noch einmal ganz klar – Leute, die Versöhnung gilt. Josef merkt, wie schwer von Begriff seine Brüder sind, aber das hält ihn nicht davon ab, es ihnen in großer Geduld zu sagen: Es ist gut! Habt keine Angst und dabei bleibt's!

ZUM NACHDENKEN:

»Das Evangelium weiß: Das Verstehen kommt erst nach dem Gehorsam, nicht vorher.«
Sören Kierkegaard

Miriam

MIRJAM

Eine tapfere Schwester

Schließlich konnte die Frau ihren Sohn nicht länger verstecken. Da nahm sie einen kleinen Korb aus Schilfrohr, dichtete ihn mit Erdharz und Pech ab und legte das Kind in den Korb. Dann setzte sie diesen ins Schilf am Nilufer. Die Schwester des Jungen blieb in einiger Entfernung stehen, um zu erfahren, was mit ihm geschehen würde. *2. Mose 2,3-4*

■ Der Pharao von Ägypten fürchtete sich vor seinen hebräischen Sklaven. Sie nahmen zahlenmäßig so rasant zu, dass es ihm um seine eigenen Leute angst und bange wurde. Deshalb befahl er seinem Volk, alle Jungen, die in einer hebräischen Familie geboren wurden, im Nil zu ertränken. Die Bedrohung für die hebräischen Kinder ging also nicht etwa von der ägyptischen Polizei aus, sondern von der unmittelbaren Nachbarschaft. Wer sich deshalb fragt, wie Gott es zulassen kann, dass etwa 60 Jahre später in einer Nacht alle erstgeborenen Söhne in den ägyptischen Familien sterben, der halte sich vor Augen, dass die hebräischen Familien Schlimmeres erlitten hatten: in ihren Häusern mussten alle Söhne sterben, nicht nur die ältesten.

Mirjams Mutter war am Rande der Verzweiflung. Drei Monate lang hatte sie versucht, ihren kleinen Sohn versteckt zu halten. Sie ergriff schließlich die Initiative und brachte ihn zum Fluss, legte ihn aber in ein Binsenkörbchen, das sie zuvor wasserdicht gemacht hatte.

Das Kind Mirjam wird die Spannung zu Hause hautnah miterlebt haben. Auch ihr war der kleine Bruder lieb und nur mit Schmerzen dachte sie an seine Zukunft. Deshalb konnte sie sich von ihm nicht losreißen, als er in seiner Mini-Arche ausgesetzt wurde. Sie bewies damit Mut, denn sie war dort sicher nicht gern gesehen. Als Mädchen durfte sie leben, aber sie war ein Sklavenkind, das eigentlich zur Arbeit da war und nicht zu einem beschaulichen Spaziergang am Fluss.

Mirjam bewies Mut, als das Baby im Körbchen von der Tochter des Pharao entdeckt wurde. Welten trennten das hochherrschaftliche Haus des vergötterten Pharao von einer einfachen Sklavin. Trotzdem wagte es Mirjam, aus ihrem Versteck zu kommen und die königliche Frau anzusprechen.

Schließlich aber erforderte es eine große Portion Entschlossenheit, der Prinzessin die Mutter des Säuglings als Amme vorzuschlagen. Mutig war Mirjam, um nicht zu sagen keck.

Damit ist Mirjam aber weit entfernt von dem, was oft über Menschen gedacht wird, die ihr Leben auf eine Gottesbeziehung gründen. Es hat gerade nichts mit Unselbstständigkeit oder Duckmäusertum zu tun, wenn sich jemand Gottes Ordnungen und Plänen unterordnet. Mirjam war im Glauben, dass die Zukunft ihres Volkes unter großen Verheißungen stand, erzogen worden. Zahlreich sollte es werden und ein wunderschönes Land sollte es besitzen.

Die Unterdrückung durch den Pharao stand den Versprechen Gottes sichtbar entgegen. Und es gab genug Stimmen in dieser Zeit, die sagten, Gott habe sein Volk vergessen. Mirjam aber gehörte nicht zu denen, die bereit waren aufzugeben. Ihren Bruder zu retten, ihm mit Witz und Geschick ein neues Zuhause und damit das Überleben zu sichern, das war der Beitrag zu Gottes Zukunft, den sie jetzt leisten konnte.

Ob sie sich dessen bewusst war, ist schwer zu sagen. Aber die Sache entwickelte sich genau so, dass Mirjams Mut ein wichtiger Meilenstein in Gottes Geschichte ist.

Bis heute kann uns der Eindruck lähmen, dass die Mächte und Kräfte, die die Welt von Gott wegtreiben, die stärkeren sind. Der Blick in unsere Gemeinde, in der alles immer nur im gleichen Trott verläuft, der Gedanke an unsere Gesellschaft, die sich in manchen Bereichen immer weiter von Gottes Geboten wegentwickelt, oder auch unser eigenes Leben, das oft so angepasst und widerstandslos mitschwimmt, all das macht nicht gerade Mut. Es braucht wieder eine klare Ausrichtung unserer Gedanken, unserer Ziele und unserer Erwartungen an Gottes Verheißungen. Wenn wir von ihm Größeres erwarten als vom Strom der Zeit, dann werden wir neuen Mut gewinnen, mit Ideen und Einsatz für Gottes Pläne einzutreten.

ZUM NACHDENKEN:

»Hoffnung ist mehr als ein Prinzip. Hoffnung ist die Teilnahme an der Treue Gottes zum Menschen.«
Roman Bleistein

Mirjam

Zum Singen nie zu alt

Dann nahm die Prophetin Mirjam, Aarons Schwester, ihr Tamburin und alle Frauen tanzten mit Tamburinen hinter ihr her. 2. Mose 15,20

■ Das Volk Israel hatte soeben das Wunder aller Wunder erlebt: den Durchzug durch das Schilfmeer. Endlich waren sie aus Ägypten weggekommen und hatten sich mit ihren Familien, mit Haus und Hof auf den Weg in die Wüste gemacht, als der Pharao dann doch noch mit seiner Armee hinter ihnen herjagte. An der Küste des Schilfmeers stellte er die wehrlosen Menschen und wähnte sie in der Falle. Doch dann teilte sich das Meer, ließ die Israeliten durchziehen, begrub aber den Pharao und seine Leute vollständig unter sich, als sie den Fliehenden nachsetzen wollten.

Was Menschen unmöglich war, tat Gott selbst. Er erreichte die Freiheit eines ganzen Volkes. Jetzt würde sie niemand mehr zurückhalten, niemand mehr belästigen und quälen, niemand mehr über sie als Despot herrschen. Die Brücken ins alte Leben waren endgültig abgebrochen. Das war Grund genug, Loblieder zu singen.

Wir können es uns lebhaft vorstellen, wie erst einer anfängt und dann alle einstimmen, zum Schluss sogar die, die gerade noch in fassungslosem Staunen am rettenden Ufer nach Atem gerungen haben. Wir können sie förmlich vor uns sehen, diese Frauen, die ihre Instrumente zur Hand nahmen, mit ihrem Tanz den Anfang machten, bis sich ein großer Kreis gebildet hatte. Aber wie stellen wir uns diese Frauen vor? Zwanzigjährig? Dreißigjährig oder noch ein bisschen älter?

Mirjam wird schon längst das Alter und die Würde einer Großmutter erreicht haben und war sich nicht zu schade zu tanzen und zu singen. Wo uns die Freude packt, da ist das Alter gleichgültig.

Leider ist das Alter gerade nicht dafür bekannt, dass es Freude und Dankbarkeit ausstrahlt.

Das ist zunächst ganz verständlich. Die Kräfte lassen nach – oft verbunden mit körperlichen Schmerzen. Sie bestimmen ganz natürlich die Gedanken und sind deshalb auch im Mittelpunkt eines Gesprächs. Die zurückliegenden Jahre haben ausreichend Arbeit und Mühe bereitet und es bleibt genug zurück, was beklagt werden kann. Auf der anderen Seite vergoldet sich die Vergangenheit und es entsteht der Eindruck, dass früher alles besser war. Die Tage waren wenigstens mit einer Aufgabe und mit Menschen erfüllt. Wie mühsam ist dagegen das Leben heute!

Dem ist schwer zu widersprechen. Gerade als jüngerer Mensch kann man auch kaum etwas zur Ermunterung sagen. Wer weiß, wie man selbst in einigen Jahren denken und reden wird. Aber ist das ein Grund, ins gleiche Klagelied einzustimmen? Können wir auch einen anderen Ton einüben?

Warum konnte zum Beispiel Mirjam singen? Sie hätte ja auch aus Ägypten erzählen können, von der Unterdrückung und dem Leid ihrer Familie. Sicher war es in ihrem Alter nicht mehr so leicht, alles zurückzulassen und in eine ungewisse Zukunft zu gehen. Wie ihr altes Herz wohl die ganze Aufregung verkraftet hatte?

Mirjam aber konnte singen. Sie konnte danken und Gott loben, weil sie die richtigen Dinge im Blick hatte. Zum einen dachte Mirjam nicht an die schwarze Folie ihres Lebens in Ägypten, sondern an das helle Licht, das durch die Errettung ihr Leben wieder lebenswert gemacht hatte. Zum zweiten wusste sie: Dieser Durchzug durchs Schilfmeer war nur der Anfang einer noch helleren Zukunft. Wenn Gott erst einmal angefangen hatte, seine Verheißungen wahr zu machen, dann konnte sie, die alte Mirjam, sich nur daran freuen, dass sie noch dabei war. Wie viele ihrer Leidensgenossen waren in Ägypten umgekommen! Hatte sie nicht Grund genug, Gott dafür zu danken, dass sie die Rettung erlebt, dass sie überlebt hatte und dass sie von diesem Moment an in der Freiheit weiterlebte?

Nein, Mirjam war nicht zu alt, um zu singen. Man braucht nicht den jugendliche Schwung, um danken zu können, sondern einfach den richtigen Blick auf das, was Gott in einem jungen oder einem alten Leben zu tun vermag

ZUM NACHDENKEN:

»Im normalen Leben wird es einem oft gar nicht bewusst, dass der Mensch überhaupt unendlich viel mehr empfängt, als er gibt, und dass Dankbarkeit das Leben erst reich macht.«
Dietrich Bonhoeffer

Miriam

Und trotzdem frisst der Neid

Der Herr verließ sie voller Zorn. Nachdem die Wolke sich von dem Zelt Gottes erhoben hatte, wurde Mirjam vor Aussatz weiß wie Schnee. 4. Mose 12,9-10

■ Glückliche Erlebnisse und eine herausragende Stellung waren für Mirjam irgendwann einmal nicht mehr genug. Es war ihr nicht mehr nach Loben zumute, sie entdeckte an ihrem Bruder Mose etwas, das er ihr voraus hatte. Es war seine einzigartige Stellung vor Gott und vor den Menschen. Der Neid begann in ihr zu fressen.

Natürlich sprach sie darüber nicht vor aller Welt. Sie trug etwas anderes unter die Leute, um seine Stellung zu schwächen. Das war die Tatsache, dass Mose eine Nicht-Israelitin zur Frau hatte. Zippora aus Midian hatte er geheiratet, so lange er im Exil gelebt hatte, noch bevor er dazu berufen wurde, das Volk Israel aus Ägypten zu führen. Ausländer aber waren schon immer verdächtig, auch nach Jahrzehnten noch als Fremdkörper zu spüren. Es war natürlich eine gewichtige Frage, ob diese Frau für Mose in seiner Position die richtige war. Konnte sie ihn wirklich in seinem Leitungsamt unterstützen?

Mirjam redete darüber mit Aaron, dem anderen Bruder. Beide sprachen mit anderen über diese Sache. Das Vertrauen, das Mose eigentlich unter den Menschen genoss, begann zu schwinden. Das Misstrauen fraß sich durch. Die Ursache aber war allein, dass an Mirjam der Neid nagte.

Das ist manchmal eine recht tückische Sache mit unserer Seele. Vordergründig spielen ganz andere Dinge eine Rolle als im Verborgenen. Äußerlich betrachtet stört uns etwas, machen wir uns vielleicht sogar ernsthaft Sorgen um eine Sache, doch im Innersten liegt der Schaden an einer ganz anderen Stelle.

Vor Gottes Augen, so erklärt es diese Geschichte, gibt es kein Innen und kein Außen. Alle drei – Mose, Aaron und Mirjam – werden zu einer Audienz zitiert, bei der Gott die Dinge beim Namen nennt. Nicht die Frage der Schwägerin ist das Entscheidende, sondern die Rolle, die Mose und seine Geschwister spielen – auf ganz frommem Gebiet wohl gemerkt, als Augen- und Ohrenzeugen Gottes und damit als seine Vertreter vor dem Volk.

Dass Mirjam aussätzig wird, nachdem die Angelegenheit auf dem Tisch ist, ist mehr als eine Strafe. Hier wird nur sichtbar, was in ihrem Inneren wurmt, was sie selbst von innen heraus zerfrisst. Weil es aber sichtbar wird, kann es auch Heilung finden. Ganz wohltuend kann Mirjam von außen und von innen wieder gesund und vollkommen werden. Gott bringt ans Licht, was sie im Verborgenen zerstören will.

Mirjams Geschichte macht Mut, den eigenen Neid nicht so lange versteckt zu halten. Es mag ja sein, dass wir uns des Neides noch gar nicht bewusst sind. Vielleicht gibt es einfach in unserem Umfeld eine Person, an der wir uns immer wieder »stoßen«. Schon ihre Erscheinung stört uns, schon ihre Stimme ruft Widerwillen in uns hervor. Sie hat uns nichts getan, uns nicht beleidigt oder verletzt, aber sie liegt einfach nicht auf unserer Wellenlänge. Und so dürfen andere sich allerhand Fehler erlauben, dieser Mensch aber nicht.

Da lohnt es sich wirklich zu prüfen, ob nicht der Neid in uns die Ursache dafür ist, dass wir einfach nicht miteinander zurechtkommen. Neid entzündet sich ja nicht nur am Besitz, am schönen Eigenheim oder exklusiven Auto. Manchmal sind wir schlicht neidisch auf eine Eigenschaft, die wir bewundern, aber eben nicht selbst besitzen. Oder ist es eine Stellung in der Gesellschaft, die Anerkennung, die ein anderer erfährt, wir aber auch gerne hätten?

Neid dieser Art ist gefährlich, weil er am meisten uns selbst schadet. Der andere erfährt höchstens unsere Ablehnung oder eine spitze Bemerkung. Der Beneidete spürt im besten Fall nicht einmal etwas von dem, was da gärt. Nur derjenige, der neidisch ist, hat die Not und auch die Last. Dem nachzuspüren, vor sich ehrlich zu sein, lohnt sich allemal. Es ist der erste Schritt zu Gesundheit und Heilung. Und Gott will dabei helfen.

ZUM NACHDENKEN:

»Endlich gestand ich dir meine Sünde
und gab es auf, sie zu verbergen.
Und du hast mir vergeben und meine Schuld
weggenommen!« *König David*

Hiskia

Hiskia

Wenn andere für mich glauben

Als König Hiskias Männer Jesaja die Botschaft ausgerichtet hatten, antwortete der Prophet: »Sagt eurem Herrn: So spricht der HERR: ›Hab keine Angst wegen der lästerlichen Rede, die der Diener des Königs von Assyrien gegen mich gehalten hat.‹«

2. Könige 19,5-6

■ Hiskia war noch sehr jung, als er König wurde, und hatte ein schweres Amt angetreten. Sein kleiner Staat war von der Großmacht aus Assyrien bedroht. Alle Nachbarstädte waren von den feindlichen Truppen, die in die Hunderttausende zählten, eingenommen worden. Nun standen diese vor den Toren seiner Stadt Jerusalem. Ein hoher Tribut war längst bezahlt worden, aber die Assyrer wollten den kleinen Stadtstaat vollständig in die Knie zwingen.

Die Chancen standen mehr als schlecht, als drei hohe Offiziere des assyrischen Königs vor den Stadttoren erschienen und die sofortige Kapitulation forderten. Eigentlich ehrenwert, immerhin würde auf diese Weise vielen Menschen das Leben gerettet werden. Aber sie spürten, dass die Frucht noch nicht reif war. Eisiges Schweigen von den Mauern herunter war die Antwort.

Also begannen sie zu locken und zu drohen. Sie machten den Überläufern Versprechungen und versuchten, die Verteidiger der Stadt zu demoralisieren. Selbst wenn der König von Assyrien die Waffen stellen würde, die Stadt hätte ja nicht einmal Soldaten genug, sie auch einzusetzen! Und warum sollte es gerade Jerusalem besser gehen als allen anderen Stadtstaaten? Existierten nicht genug Beispiele dafür, dass es momentan keine bessere Truppe als die der Assyrer und keine mächtigeren Götter als die assyrischen gab?

»Lass dich von deinem Gott nicht betrügen! Täusche dich nicht, du glaubst ja doch an den Falschen! Dein Gott ist machtlos! Mach dir nichts vor!«, ruft der Assyrer laut zum königlichen Palast hinauf. Er versteht die Sprache der Leute in Jerusalem und erreicht ihre Ohren. Aber er erreicht auch ihre Herzen! In der Stadt macht sich daraufhin eine große Mutlosigkeit breit.

Es sind harte Worte, an denen der Glaube zerbrechen kann. Und es sind nicht allein Worte, die der assyrische Offizier ausspricht. Es sind die nackten Tatsachen, die dasselbe sagen: Dein Glaube lohnt nicht. Gib's auf!

Das sind ganz dunkle Momente in einem Leben, wenn alles, was einmal so sicher war, ins Wanken gerät. Vielleicht hatte sich Hiskia gedacht, wenn er Gottes Eingreifen vertraut, dann würden diese Assyrer mit ihren Truppen erst gar nicht so weit kommen. Oder er hatte gehofft, der reichliche Tribut werde den Feind umstimmen. Jerusalem war ja schon abhängig. Assur konnte seine Bedingungen stellen, da war doch ein Krieg nicht mehr nötig.

Trotzdem – die Tore wollte Hiskia nicht öffnen. Die Worte Gottes geboten ihm zu vertrauen. Aber das war so schwer! Hiskia schlägt nun den einzig richtigen Weg ein, indem er mit seiner ganzen Resignation zum Propheten Jesaja geht. Wenn schon er, der König, nicht mehr glauben kann, vielleicht kann es noch der Mann Gottes.

Wir sind als Christen mit gutem Grund nicht allein auf der Welt. Einen kann die Resignation schon einmal packen. Unsere Augen sind manchmal einfach zu kurzsichtig, um den Berg unserer Nöte zu überblicken. In unserem eigenen Herzen ist einfach zu wenig Platz, als dass wir an beides, an die Anforderungen, Schwierigkeiten und an unseren Gott auf einmal denken könnten. Warum sollte nicht der andere in diesem Moment mehr Zutrauen zu Gottes Eingreifen haben als ich? Warum sollte er nicht gerade mit beiden Beinen fest in einem Glauben stehen, der mir in diesem Moment fehlt? Warum sollte mir nicht der Glaube des anderen über meinen Tiefpunkt hinweghelfen?

Nicht umsonst hat Jesus seine Jünger zu zweit auf den Weg geschickt. Nicht umsonst hat er ihnen anschließend Zeit gegeben zu erzählen und zu fragen. Nicht umsonst wird uns von Freunden erzählt, die einen Gelähmten zu Jesus bringen, damit er ihn heilt. Da brauchte es sogar vier, die für den einen glaubten. Doch sie haben ihn sicher ans Ziel gebracht.

ZUM NACHDENKEN:

»Entmutigung ist entzauberte Selbstliebe.«
Oswald Chambers

Hiskia

Vom Umgang mit schlechter Nachricht

Nachdem Hiskia diesen Brief erhalten und gelesen hatte, ging er hinauf zum Haus des Herrn und breitete das Schreiben vor dem Herrn aus. 2. Könige 19,14

■ Hiskia hatte neuen Mut gefasst. Er konnte wieder auf Gott vertrauen, weil er zu Jesaja, dem Propheten gegangen und dessen Glauben erfahren hatte. Damit hatte sich zwar an der Lage der Stadt und ihrer Bevölkerung nichts geändert, aber für Hiskia war die Zukunft nicht mehr so undurchschaubar.

Zudem waren die drei Offiziere des assyrischen Königs abgereist, bombardierten die Stadt nicht mehr mit ihren Proklamationen, sondern holten sich neue Anweisungen von ihrem König, der gerade in ein anderes Scharmützel verwickelt war. Es war wohl doch nicht so einfach, die Welt zu erobern.

Aber die Assyrer hakten noch einmal nach. Nicht lange nach ihrem Abzug kam ein Bote mit einem Brief zu Hiskia, der ein einziger Aufruf zur Kapitulation war. Vor Hiskias Augen trat wieder das gesamte Schreckensszenario, das er bereits hinter sich wähnte. Die alten Ängste wurden wach. Das Ende der Stadt war zwar aufgeschoben, aber doch nicht aufgehoben.

Jetzt aber konnte Hiskia selbst damit zu Gott gehen. Dieses Mal brauchte er keinen Verbindungsmann in Sachen Glauben. Er nahm den Brief mit all seinen Drohungen und Beleidigungen und breitete ihn im Tempel, in der Gegenwart Gottes aus.

Was Hiskia tut, ist ein anschauliches Bild für das, was wir mit einer schlechten Nachricht immer tun sollten: sie vor Gott ausbreiten. Ausbreiten heißt: Der gesamte Inhalt liegt offen vor Gott da. Wir brauchen weder zu kommentieren noch zu erklären, was Sache ist. Wir brauchen aber auch keine Details zu verheimlichen. Gottes Augen haben sowieso das Gesamte im Blick. Deshalb wird ihn nichts erschrecken.

Weil er aber die Dinge durchschaut, brauchen wir nichts schönzureden oder uns hinter der Verantwortlichkeit anderer zu verstecken. Er kennt ja auch unsere Schwächen und Unfähigkeiten nur zu genau. Alles, so wie es ist, hat seinen Platz und darf unter Gottes Augen ausgebreitet werden.

Vor Menschen wagen wir das nicht, jedenfalls nicht vor jedem. Deshalb üben wir auch unbewusst Zurückhaltung Gott gegenüber. Ein gutes Bild bei ihm abzugeben, wäre schließlich nicht schlecht. Aber diese Anstrengung will er uns ersparen. Wenn es übel um uns bestellt ist, wenn wir in Angst sind, wenn uns die Zukunft bedroht, dann können wir dazu stehen, weil wir es vor Gott ausbreiten können.

Vor allem aber brauchen wir keinen ausgearbeiteten Lösungsplan mitzuliefern, wenn wir vor Gott ausbreiten, was uns bedrückt. Hiskia ist ernsthaft ratlos. Er weiß nicht, wie er sich entscheiden soll, und das, obwohl viele Menschenleben von seiner Entscheidung abhängen. Etwas vor Gott ausbreiten, heißt, sich zunächst einmal frei zu machen von dem Druck, damit allein zu stehen und dann still zu werden und zu warten, was Gott daraus machen wird.

Dann aber werden wir auch an der Lösung durchaus beteiligt sein. Ängste vor Gott auszubreiten, heißt nicht, dass wir dann überhaupt nicht mehr daran zu denken brauchen, dass wir die Verantwortung komplett abgeben. Wenn wir von einer Not gedanklich nicht loskommen, dann ist es vor allem eine Hilfe, anhaltend dafür zu beten.

Hiskia wird seine königliche Entscheidung zu treffen, zu befehlen und durchzuhalten haben. Aber was immer er jetzt tun und entscheiden wird, die Zeit in Gottes Gegenwart stellt sein Handeln unter Gottes Verheißungen. Hiskias Ergehen und das seines Volkes treten in den größeren Horizont der Geschichte, die Gott mit dieser Welt und mit jedem Einzelnen unter uns hat.

Vom Umgang mit schlechter Nachricht – es wäre ausgesprochen schade, wenn wir sie für uns behalten wollten. In der Gegenwart Gottes rückt sie in ein anderes Licht, ins Licht seiner Allmacht und Liebe.

ZUM NACHDENKEN:

»Machen wir die Angelegenheiten Gottes
zu den unsrigen, dann macht er wiederum
unsere Angelegenheiten zu den seinigen.«
Ernst Modersohn

Hiskia

Geschenkte Jahre

Geh noch einmal zurück zu Hiskia, dem Fürsten meines Volkes. Sag ihm: So spricht der Herr, der Gott deines Stammvaters David: »Ich habe dein Gebet gehört und deine Tränen gesehen. Ich will dich gesund machen. In drei Tagen wirst du in das Haus des Herrn gehen. Ich will deinem Leben noch 15 Jahre hinzufügen und dich und deine Stadt vor dem König von Assyrien retten. Das tue ich um meiner Ehre willen und meinem Diener David zuliebe.«

2. Könige 20,5-6

■ Gerade ist die Gefahr durch die Assyrer abgewendet. Die politische Lage hat sich für Hiskias Königreich beruhigt. Eigentlich wäre es eine Zeit, in der Hiskia sich in aller Ruhe an Gottes Hilfe freuen und sich seinen Alltagsgeschäften widmen könnte. Doch da wird er krank, todkrank. Auch von Gottes Seite kommt nur der Bescheid: »Mach dich bereit! Dein Leben geht zu Ende.«

Wieder breitet Hiskia diese Nachricht vor Gott aus. Obwohl sie von Gott kommt, resigniert er nicht einfach und fügt sich. Ganz ehrlich spricht er im Gebet vor seinem Gott aus, dass er gerne noch leben möchte. Er ist noch zu jung, um zu sterben. Er hat sich doch treu zu seinem Gott gehalten. Wäre es da nicht ein Zeichen des Segens, der Bestätigung, wenn ihm noch einige Jahre geschenkt würden?

Es ist uns immer wieder ein Rätsel, warum Menschen mitten aus dem Leben gerissen werden. Sie hatten ihren Platz doch so wunderbar ausgefüllt und noch so viele Ideen für die Zukunft. Viele Pläne und Erwartungen waren in großer Selbstverständlichkeit an die kommenden Jahre geknüpft. Warum nur meint Gott es anders?

Wir erhalten in der Regel keine Antwort, aber es wäre gut, wenn wir sie unserem Gott überlassen könnten. Ist nicht er derjenige, der in die Zukunft schaut? Weiß nicht er genau, was auf uns zukommt? Wir wissen weder, wie sich die Dinge in dieser Welt entwickeln werden, ob wir sie ertragen können und ob unser Beitrag noch wichtig ist, noch wissen wir, worauf wir zugehen, wenn wir die Grenze des Todes überschreiten.

Nur deshalb müssen wir fragen. Wir wissen nicht, was uns erwartet, weder vor noch nach unserem Tod. Womöglich ist es schon falsch, dass wir Menschen bedauern, die jung sterben. Bedauern sie vielleicht uns, dass wir so lange leben müssen? Wissen wir, ob wir unsere Kraft und Gaben in Gottes Welt nicht ganz anders einsetzen könnten? Wissen wir, welche Aufgaben dort auf uns warten?

Wenn wir durch den Tod in eine neue Welt kommen, werden dort andere Gesetze gelten. Könnte sich das Leben nicht noch einmal in ganz neuen Dimensionen vor uns öffnen?

Und noch ein anderer Gedanke: Wir wissen zu wenig über das, was auf uns wartet, aber wir wissen ganz sicher, dass unser Gott und Heiland dort auf uns wartet. Er aber hat es noch nie böse mit uns gemeint. Wie könnte dann die Ewigkeit eine Ungerechtigkeit und ein Fluch sein!

Es gibt etwas, was eben niemals stirbt, und das ist unsere Liebe zu Christus und seine Liebe zu uns. Das kann uns getrost, ja sogar erwartungsvoll machen. Der Tod wird damit nicht schön, aber er wird erträglich, weil er der Moment ist, in dem etwas Neues beginnt.

Von Hiskia wird noch Bewegendes berichtet: Er bekommt Zeit geschenkt, 15 wunderschöne Jahre. Es waren für ihn gewiss ganz besondere Jahre, intensiv erlebte Jahre. Das Einzige allerdings, was von ihm noch berichtet wird, ist, dass er einen großen Fehler begeht. Als Krankenbesuch empfängt Hiskia eine Gesandtschaft aus Babel und führt die Fremden ins Heiligtum des Tempels. Obwohl der Tempel längst geplündert ist, damit der Tribut an den assyrischen König bezahlt werden konnte, ist er noch wunderschön und damit begehrenswert. Wäre in Jerusalem nichts zu holen, wäre es für den Fürsten von Babel uninteressant. Jetzt aber weiß er, dass sich die Eroberung dieser Stadt lohnt. Und sie wird kommen – wenn auch lange nach Hiskias Tod.

ZUM NACHDENKEN:

»Dass ich schwach bin, wird er wissen,
dass er stark ist, weiß auch ich.
Der mich aus dem Tod gerissen,
ist noch dieser Gott für mich.«
Gerhard Tersteegen

Jeremia

Nichts als Unheil

»O Herr, du hast mich überredet, und ich habe mich überreden lassen. Du hast mich überwältigt und den Kampf gewonnen. Für alle Welt bin ich zur Zielscheibe des Spottes geworden – tagaus, tagein.«

Jeremia 20,7

■ Jeremias Rolle in seiner Zeit ist alles andere als ein Traumjob. Während die politische Lage für den kleinen Staat Juda immer bedrohlicher wird, während die wechselnden Könige zwischen Kapitulation und Aufstand, zwischen Hoffen und Bangen hin und her schwanken, hat Jeremia immer nur zu predigen: »Gebt auf! Es hat keinen Sinn! Das Maß ist voll. Gott wird euch nicht mehr helfen.«

Zersetzung der Truppenmoral nennt man so etwas, und zwar in großem Stil. Den Leuten das Leben madig machen und die letzte Hoffnung rauben, immer nur schwarz sehen. Wer mag schon gern diese Rolle spielen?! Jeremia jedenfalls nicht. Ganz ehrlich beschreibt er Momente, in denen er seinem Auftrag gerne davongelaufen wäre. Die Kündigung wollte er einreichen, aber sie wurde einfach nicht akzeptiert. Warum mutet Gott seinem Propheten so etwas zu?

Zweierlei ist dazu zu sagen: Zum einen spiegelt sich in der Not, die Jeremia oft ganz körperlich an sich spürt, das Leid, das Gott um diese Welt trägt. Wenn die Menschen um Jeremia über seine Schwarzseherei lachen, wenn sie ihn verspotten, auch ablehnen und mundtot machen wollen, dann treffen sie damit ja nicht nur einen armen Mann, sondern einen Propheten des heiligen und allmächtigen Gottes. Jeremia richtet nur aus, was Gott ihm aufträgt. Es sind Gottes Gedanken, die er in die Öffentlichkeit bringt. Wenn die Menschen Jeremia ablehnen, dann setzen sie in ihm ihren Schöpfer und Herrn vor die Tür.

Ob wir ermessen können, wie groß die Schmerzen sind, die Gott bis heute erleidet? Wenn wir uns über Unrecht empören, über Lieblosigkeit und Gottesferne seufzen, dann geschieht das eher, weil es uns stört. Wir sind dann zornig und aufgebracht. Wir fühlen uns ohnmächtig, weil wir nichts daran ändern können. Wir gehen dann sogar so weit, dass wir Gott selbst zur Verantwortung ziehen für etwas, was Menschen einander antun: »Wie kannst du das nur zulassen? Könntest du nicht die Menschen verändern, steuern, besser machen?«

Nein, er kann es nicht. Darunter leidet er gewiss mehr als wir selbst. Gott kann oft genug nicht eingreifen, weil er sich die Liebe und die Geduld zum Motto gemacht hat. Seine Liebe ist so groß, dass sie nicht zwingen will. Seine Freundlichkeit und Gnade, der Segen, der aus dem Gehorsam gegen seine Gebote kommt, das alles ist nur Angebot. Sie werden niemandem aufgenötigt.

Aber das hat eben zur Folge, dass es genug Menschen

und Völker gibt, die ohne die Freundlichkeit Gottes auskommen, ja auskommen müssen, weil sie sich gegen ihn entschieden haben. Darunter aber leidet Gott, weint sogar darüber, wie es an Jesus zu sehen war.

Das Zweite, das auffällt: Im Neuen Testament sind die Gerichtsworte fast ganz verstummt. Es gibt sie noch und es gibt nach wie vor die Einladung, sich zu entscheiden und das Leben zu wählen. Aber der Haupttenor ist ein anderer. Denn Gott begnügt sich nicht damit, dass er das Leid der Menschheit beklagt. Er entschließt sich, es selbst zu tragen, ganz abzutragen durch den Tod von Jesus am Kreuz.

Das Kreuz hat also etwas ganz Entscheidendes verändert im Verhältnis von Gott und Mensch. Nicht etwa, dass wir jetzt tun und lassen könnten, was wir wollen. Nach wie vor haben wir Gott gegen uns, wenn wir andere verletzen oder vernachlässigen. Immer noch gibt es genug, worüber es Gott und Mensch zum Heulen ist. Aber es wird nicht mehr aufgerechnet, was uns gelingt und was nicht. Der Zorn Gottes über unsere Auflehnung hat Jesus am Kreuz getroffen. Aus Unheilspropheten sind Freudenboten geworden. Schade, dass es nach wie vor Leute gibt, die das lächerlich finden.

ZUM NACHDENKEN:

»Es fehlt uns an der Liebe zum Kreuz, zu dem Kreuz,
das nicht leuchtet und nicht eingeht,
aber weil von der Liebe gezimmert,
immer wieder schön ist.«

Hermann Bezzel

Jeremia

Zeichen der Hoffnung ganz praktisch gemacht

Und tatsächlich kam mein Vetter Hanamel zu mir in den Wachhof – es war genauso, wie der Herr es angekündigt hatte. Er sagte: »Kauf doch meinen Acker, der bei Anatot im Gebiet des Stammes Benjamins liegt. Nach dem Gesetz hast du sowohl das Besitzrecht als auch das Vorkaufsrecht. Bitte, kauf ihn doch.« Da verstand ich, dass das ein Befehl des Herrn war; deshalb kaufte ich meinem Vetter Hanamel den Acker in Anatot ab. *Jeremia 32,8-9*

■ Die Leute werden über Jeremia den Kopf geschüttelt haben – wie schon so oft. Jahrelang sagt er nur den Untergang und die Deportation ins Exil voraus. Als es schließlich alle glauben, weil die Fakten klar vor Augen liegen, da steuert Jeremia dagegen und kauft ein Stück Land. Was aber nützt ihm sein Land, wenn er sowieso den Rest seines Lebens im Exil zubringen wird? Warum bindet er sich an sein Heimatdorf Anatot, während alle anderen die Koffer packen? Ist Jeremia Prophet oder einfach Quertreiber aus Prinzip?

Jeremia weiß: So gewiss Gott jetzt seine Drohungen umsetzen will, so endgültig es ist, wenn er einen Schlussstrich zieht, so sehr bleibt er der Barmherzige und Geduldige. Es wird einen neuen Anfang geben, auch wenn es jetzt noch nicht danach aussieht. Gottes Wille ist das Leben, nicht die Vernichtung. So wie es Christoph Blumhardt einmal sagte: »Glaubt doch nicht, dass der Heiland als der große Kaputtmacher kommen will.« Hinter dem Ernst Gottes schlägt immer noch ein Herz der Liebe.

Deshalb kann Jeremia diesen Acker kaufen. Damit aber redet er nicht nur von der Hoffnung auf einen neuen Anfang, damit setzt er diese Hoffnung gleich in die Tat um.

Die Hoffnung leben, auch wenn der Augenschein dagegen spricht, ist eine ausgesprochen mutige Sache. Wir leben ja selbst vom Augenschein, schätzen anhand des Offensichtlichen die Lage ein und knüpfen entsprechende Erwartungen daran. Nur was wir uns vorstellen können, das halten wir auch für möglich. So ist das ganz normal und menschlich.

Deswegen werden auch Christenmenschen mutlos, wenn sich die grauen Haare mehren. Deswegen können wir überhaupt Menschen aufgeben, Beziehungen abhaken oder Vorurteilen Gehör schenken. Nur deswegen unterscheidet sich unser Umgang mit Geld und Besitz so wenig von dem der anderen. Wir sagen, wir leben realistisch. Aber wo ist unsere Hoffnung? Wo ist unser Vertrauen in das, was wir noch nicht sehen?

Wenn wir z.B. an die Auferstehung denken und das Osterfest, das wir jedes Jahr feiern, dann leben wir doch mit der Verheißung, dass auch für uns der Tod nicht das Letzte ist. Er ist ein Übergang und ein Abschied, aber nicht unser Ende. Was aber tun wir nicht alles aus Angst vor dem Tod?

Wie leicht lassen auch wir uns von einer Welle mitreißen, die die Jugend vergöttert und das Alter aufs Abstellgleis schiebt!

Wenn wir z. B. daran denken, dass Gott nicht aufhört in seinem Wort zu betonen, reichlich und täglich für uns zu sorgen, dann ist das eine stabile Versicherung. Viele Berichte von Christen in ganz schwierigen Situationen bestätigen das – Gott kann auch dann noch sorgen, wenn wir es nicht mehr können. Trotzdem stecken wir viel Kraft und Zeit in eine Vorsorge hinein, die ohne Gottes Hilfe auskommen will.

Ist es nicht ein Zeichen sichtbarer Hoffnung, wenn wir dem entgegensteuern, ganz neu und anders realistisch werden? Es geht ja gar nicht darum, dass wir den Boden der Realität verlassen, um in Zukunft nur noch von Wundern zu leben. Es geht darum, dass uns Gottes Art und seine Verheißungen zur Realität werden, dass er und seine Zukunft ein Teil des Fundaments werden, auf dem unser Leben gebaut ist.

Ganz praktische Zeichen der Hoffnung setzen Menschen, indem sie Zeit, Kraft und Besitz in Gottes Zukunft investieren. Sie werden dann nicht nur ein Zeichen dafür sein, dass sie eine Hoffnung haben, die das Sichtbare übersteigt. Sie werden für Menschen zu Hoffnungsträgern, die dabei sind, am Sichtbaren zu verzweifeln.

ZUM NACHDENKEN:

»Wir ehren Gott durch unser Vertrauen.
Je mehr wir ihm vertrauen,
desto mehr ehren wir ihn.«
Bruder Lorenz

Jeremia

Offen für die heimliche Sehnsucht

Eines Tages ließ König Zedekia Jeremia heimlich in den Palast bringen und fragte ihn: »Hast du eine neue Botschaft vom Herrn?« – »Ja«, antwortete Jeremia. »Du wirst der Gewalt des babylonischen Königs ausgeliefert werden.« *Jeremia 37,17*

■ Belagerungszustand in der Endphase – Jerusalem steht kurz vor der Eroberung. Den unbequemen Mahner Jeremia hat man inzwischen eingesperrt. Nach wie vor behaupten die Ratgeber des Königs, die Sache werde glimpflich ausgehen. Nach wie vor beharren sie auf Widerstand und lehnen jede Kapitulation ab. Jeremias Worte könnten den letzten Rest Zuversicht nehmen. Sollte er Recht behalten, dann wäre es unerträglich, ihm unter die Augen zu treten.

Während sich der König bei Tag dem Rat seiner Minister beugt, lässt er bei Nacht Jeremia heimlich zu sich rufen. In seiner Frage wird deutlich: Er will nicht einfach einen weiteren Ratgeber hören. Er sucht weder Bestätigung noch Gegenrede, er will hören, was Gott zu sagen hat. »Ist wohl ein Wort vom Herrn vorhanden? Hast du etwas gehört? Redet er noch zu uns? Hat er uns noch nicht vergessen? Was sagt Gott, wie es weitergeht?«

Die Antwort Jeremias ist nicht gerade berauschend. Er sagt es dem König noch einmal ins Gesicht, dass nur die Kapitulation ihn und die Stadt retten wird. Der König zieht zwar keine Konsequenzen, aber er sucht Jeremia ein zweites Mal. Seine Sehnsucht nach Gottes Rat ist offensichtlich. Und Jeremia ist bereit, Auskunft zu geben.

Es ist bewegend, sich diese Szene vorzustellen. Da ist Jeremia, der sein ganzes Leben nur sagt und tut, was Gott gesagt und getan haben will. Dafür hat Jeremia viel eingesteckt, oft bis zum Zerbruch ausgehalten, aber er hat deshalb seine Meinung nie geändert oder sein Fähnchen in den Wind gehängt. Auf der anderen Seite ist der König. Er hat ein schweres Erbe angetreten, denn die Sache war bei seinem Dienstbeginn eigentlich schon verloren. Aber er hat auch nicht den Mut, das Ruder der Politik herumzureißen. So steuern sein Land, seine Stadt, sein Volk und vor allem er persönlich der Katastrophe entgegen.

In diesem Moment aber sucht er Halt in Gott. Auf einmal wird es ihm wichtig, was der himmlische König zu sagen hat. Jetzt hat er den Mut, wenigstens zu hören, wie Gottes Weisung ausgesehen hätte.

So etwas lässt sich bis heute erleben: größte Spötter und Neider fragen in der Not nach Gott. Die eigene Ratlosigkeit hat ihnen die Argumente genommen, die sie bisher immer parat hatten. Der persönliche Zerbruch macht sie offen für das, was sie bisher weit von sich gewiesen haben.

Wo aber wäre jetzt Halt, wenn auch die Christen ihr Fähnchen nach dem Wind gehängt hätten?

Was Jeremia auszeichnet, ist seine Beharrlichkeit im Glauben, auch in der Ablehnung und dann seine Offenheit für den, der ehrlich sucht und fragt. Jeremia ist bereit, für seinen König den Rettungsanker zu werfen – genauso wie Gott selbst.

Menschen Gottes leben immer wieder im Strom anderer Meinungen. Es müssen ja nicht Gerichtsprophetien sein, durch die sie sich hervortun. Es können auch gute Werte, klare Ordnungen und ein diszipliniertes Leben sein, das sie auszeichnet. Wer sich gegen den Strom stellt, ist allerdings nicht immer gern gesehen. Schließlich bleibt man an ihm hängen und stößt sich. Aber wenn der Strom eben doch ein gefährliches Gefälle entwickelt, dann werden Steine des Anstoßes zu Haltepunkten und Rettungsinseln.

Es mag uns trösten, wenn wir anecken. Es mag uns Mut machen, wenn wir auf einsamem Posten stehen. Wer aus Gottes Wort lebt, hat Halt und gibt Halt.

ZUM NACHDENKEN:

»Wem es zur Gewohnheit geworden ist,
mit seiner Bibel und mit seinem Gott zu reden,
der kann auch dem ganzen Weltall
ohne die geringste Furcht
ins Angesicht schauen.«

Charles H. Spurgeon

Zacharias

ZACHARIAS

Für andere vor Gott stehen

Eines Tages, als Zacharias seinen Dienst im Tempel verrichtete, wurde er nach priesterlichem Brauch durch das Los dazu ausgewählt, das Heiligtum zu betreten. Währenddessen stand draußen eine große Menschenmenge und betete. *Lukas 1,8-10*

■ Zacharias hatte das Amt und die Würde eines Priesters. Das können wir als einen Fakt der Geschichte wahrnehmen und diesen Fakt zusammen mit Zacharias und all den anderen in die Schublade legen. Bei genauerem Hinsehen aber werden wir entdecken, dass das Priesteramt eine hochaktuelle Sache ist, nicht nur ein Amt oder ein Beruf, sondern die innerste Berufung der Menschen, die mit einem lebendigen Gott rechnen.

Zacharias' Aufgabe als Priester war es, zwischen Gott und den Menschen eine Brücke zu schlagen. Nicht jeder durfte damals in Gottes Gegenwart kommen. Deshalb brachten die Priester die Opfer der Menschen für Dank und Bitte, aber vor allem auch zur Vergebung auf den Altar. Am Altar im Allerheiligsten war Gott in seiner Herrlichkeit und

Heiligkeit gegenwärtig. Priester trugen also ganz praktisch die Nöte der Menschen vor Gott, während die anderen draußen zu warten hatten. Von dort, aus der Gegenwart Gottes dann, kamen die Priester mit ihrer Antwort. Mit der Zusage: Dein Beten ist erhört! Mit der Gewissheit: Die Schuld ist gelöscht! Und mit dem Segen, dass Gott mit dem Bittsteller nach Hause gehen würde.

In der Stunde, in der Jesus am Kreuz starb, passierte im Tempel in Jerusalem etwas Wundersames: der Vorhang zwischen dem Heiligen und dem Allerheiligsten zerriss, und zwar von oben nach unten. Die Evangelien beschreiben das sehr genau, weil es unendlich wichtig ist. Gott selbst war es, der die Trennung niederriss. Ab jetzt hatte jeder Zutritt zu Gottes Heiligkeit. Das Opfer von Jesus hatte alle Reinheitsvorschriften und alle Sühneopfer erfüllt. Dem gab es nichts mehr hinzuzufügen. Der Zugang zum Allmächtigen, zum Schöpfer des Himmels und der Erde war frei.

Bis heute ist er frei. Daran hat sich nichts geändert. Nur – nicht alle gehen hin. Nicht jeder Mensch nützt diesen Zugang und deshalb braucht es immer noch Priester, Menschen, die bereit sind, die Not der Welt vor Gott zu tragen und für andere in Gottes Gegenwart einzustehen.

Weil sich nicht jeder Mensch mit Gott versöhnen mag, braucht es Menschen, die an seiner Stelle einladen: Kommt, versöhnt euch mit Gott! Und es braucht Priester, die die Welt auch dann vor Gott tragen, wenn sie nicht ausdrücklich darum gebeten werden.

Der Theologe Karl Heim hat einmal gesagt: »Die Welt braucht priesterliche Menschen, Menschen, die sich nicht entrüsten, sondern bereit sind die Last der Welt auf sich zu nehmen. Nur auf diesem schmerzvollen Weg gibt es heilenden Einfluss von Mensch zu Mensch.«

Das Entrüsten ist so leicht, ganze Zeitschriftenständer in unseren Geschäften leben davon, dass dieses Entrüsten uns so schnell über die Lippen kommt. Erst das Mittragen ist schwer, es kann schmerzvoll sein, aber es trägt die Verheißung der Heilung in sich.

Statt mit anderen über das zu schwatzen, was uns empört, können wir als Priester die Not im Gebet vor Gott bringen. Es lohnt sich, das ganz praktisch einzuüben.

Wenn wir durch unseren Heimatort fahren und kommen an einem Trauerhaus vorbei, dann könnten wir doch einfach in einem Satz für diese Familie beten. Wenn wir im Alltag unterwegs sind und uns kommt ein Kranker in den Sinn, dann erbitten wir doch für ihn – nur kurz – Geduld und Trost und Besserung. Vielleicht ist es eine junge Familie, an die wir denken, wenn wir durch ein Neubaugebiet schlendern, dann können wir diese Familie segnen, ohne Gottesdienst, ohne Talar und ohne viel Worte. Segen hängt nicht am festen Ort und an der festen Zeit. Segen ist eine Gabe Gottes, die uns jederzeit zusteht und die wir jederzeit und jedem zu bringen frei sind.

Vermutlich haben wir es noch nicht genug entdeckt, welch heilende Kraft für einen Ort und für unsere Welt in einem priesterlichen Leben liegt. Aber unser Priesterdienst kann die Welt verändern.

ZUM NACHDENKEN:

»Ohne, dass die Mütter ihre Kinder beten lehren, wird die Welt nicht besser.«
Max Thürkauf

Zacharias

Wenn Gebete plötzlich erhört werden

Als Zacharias im Heiligtum war, erschien ihm ein Engel des Herrn. Zacharias erschrak bis ins Herz, doch der Engel sagte: »Hab keine Angst, Zacharias! Gott hat dein Gebet erhört.« *Lukas 1,11-13*

■ Als Jude im Allgemeinen und als Priester im Besonderen hatte Zacharias ein großes Anliegen: Dass der Messias doch bald kommen möge. In seinem täglichen Gebet zu Hause und natürlich besonders in Gottes Gegenwart betete er die jahrhundertealten Bitten: Gott möge seine Versprechen an sein Volk doch nun endlich einlösen.

Als Mann und Gefährte seiner Frau Elisabeth hegte er noch einen anderen brennenden Wunsch: Die beiden wollten so gerne ein Kind. Jahre und Jahrzehnte waren dahingegangen, ohne dass sich ihr Wunsch erfüllt hatte. Im Prinzip war ja nichts unmöglich und ihre Bibel erzählte von Abraham und Sara, denen noch in hohem Alter ein Nachkomme geschenkt wurde, aber im Stillen hatte Zacharias die Sache schon abgehakt, auch wenn er noch darum betete.

Zacharias

Nun geschieht es, dass Zacharias im Dienst einen Engel sieht, der ihm einfach meldet, dass seine Gebete erhört wurden: das Gebet um ein Kind und das Gebet für das Kommen des Messias.

Der Engel erklärt ihm schlicht und ergreifend: »So, jetzt ist es soweit. Jetzt wird deine Frau, lieber Zacharias, diesen großen Propheten zur Welt bringen. Und dann geht es los!«

Allerdings vollführt Zacharias jetzt keinen Luftsprung. Er kann es nicht glauben, er kann es einfach nicht fassen. Also, bei aller Liebe, bei allem Vertrauen in Gottes Allmacht, aber dafür war seine Elisabeth zu alt. Mochte die Geschichte von Abrahams Sara wohl gelten, mochte sie im hohen Alter noch ein Kind bekommen haben. Damals war das vielleicht richtig, aber doch nicht heute und nicht aufgrund irgendwelcher unbedeutender Gebete eines kleinen Priesters, der zufällig Dienst hatte. Nein, beten konnte er, Zacharias, wohl; von Gott Großes erbitten, war kein Problem, aber wenn's um Erhörung ging, wenn es um seine Frau Elisabeth ging, dann wurde er ganz vernünftig. Dann konnte nur noch gelten, was normal, natürlich und realistisch war.

Es wird uns manchmal wie Zacharias gehen, dass es uns schwer fällt, an die Erhörung zu glauben. Vielleicht sind unsere Gebete aus einer gewissen Pflichterfüllung oder auch aus Gewohnheit entstanden. Was erbitten wir nicht alles im Vaterunser, ohne uns klar zu machen, was wäre, wenn wir tatsächlich erhört würden! Oder werden nicht sehr viele Bitten des Vaterunsers erhört und wir merken es gar nicht? Und im persönlichen Gebet: Wie lange bringen wir dieselben Bitten vor Gott und verlieren über der Länge der Zeit den Mut, mit einer Antwort zu rechnen.

Wie gut, dass Gottes Bereitwilligkeit zu hören, nicht an unserem Glauben hängt! Wie gut, dass er Gebet erhört, auch wenn es selbst einem Priester schwer fällt, daran zu glauben!

Wir dürfen auch nicht vergessen, dass es beim Beten nicht darum geht, Gott von unseren Absichten zu überzeugen. Er weiß doch genau, was der Welt und was uns wohl tut. Beten hat etwas damit zu tun, dass wir Zugang zu Gottes Plänen finden. Erhörung aber heißt dann, dass die Tür aufgeht und wir einen Einblick gewinnen in das Vorhaben des Allmächtigen.

Dann aber können wir durchaus überrascht reagieren. Wenn Gottes Zeit kommt und er uns seine Erhörung auch sehen lässt, wird es immer unerwartet sein. Unser Glaube ist nun mal kleiner, als es unser Gott ist. Deshalb ist es nur natürlich, dass er uns auch immer wieder zu überraschen weiß.

Doch die Überraschung kann anders enden als bei Zacharias. Der gute alte Priester reagiert mit einem hartnäckigen Kopfschütteln: »Das geht einfach nicht, Herr Engel!« Und dabei bleibt er.

Anders ist es, wenn die Überraschung der Freude weicht. Mit der Freude aber kommt die Bereitwilligkeit, Gottes Wege zu erkennen und durch seine geöffneten Türen zu gehen.

ZUM NACHDENKEN:

»Wir dürfen uns das Gebet nicht als Überwindung des Widerstandes Gottes vorstellen, sondern als ein Erfassen seiner höchsten Bereitwilligkeit.«

Richard Ch. Trench

Zacharias

Vom Schweigen und Warten

Da sagte der Engel: »Weil du meinen Worten nicht geglaubt hast, wirst du nicht mehr sprechen können, bis das Kind geboren ist.« — *Lukas 1,19-20*

■ Zacharias hat es verständlicherweise schwer zu glauben. Er kann es nicht glauben, dass seine Frau im fortgeschrittenen Alter nun doch noch ein Kind bekommen soll.

»Wie kann ich sicher sein, dass das wirklich geschehen wird?«, fragt er. Gibt es ein Zeichen, einen Beweis, etwas, woran ich mich halten kann? Schließlich geht es nicht nur um den Mann Zacharias, es geht auch um seine Frau, um ihren Ruf, um das Geschwätz im Dorf, um die Zukunft einer Familie. Es ist nur zu verständlich, dass Zacharias skeptisch reagiert, anders übrigens als Maria. Sie hat nur sechs Monate später dieselbe Erscheinung und wagt zu vertrauen.

Zacharias erbittet und bekommt ein Zeichen – er verliert seine Sprache und wird stumm. D. h. er kann den Menschen, die vor dem Heiligtum auf ihn warten, nichts erklären. Er kann auch Elisabeth nicht Rede und Antwort stehen, kann ihr die Sache nur mühsam vermitteln, kann sich mit ihr nicht austauschen, kann sich mit ihr nicht beraten über die Veränderungen, die anstehen. Zacharias bleibt von jetzt an ganz für sich, abgeschlossen und einsam.

Das Schweigen des Zacharias ist wie eine Zeit in der Wüste, in der er allein sein wird.

Was auf den ersten Blick wie eine Strafe erscheint, hat auch seine guten Seiten. Mehr noch – es ist für den Priester eine notwendige Zeit der Vorbereitung. Zacharias wird viel Zeit haben nachzudenken. Er wird Zeit haben, seinen Gott ganz neu kennen zu lernen und er wird Zeit haben, sich noch einmal in seine Bibel zu vertiefen, die Verheißungen Gottes, die schon Gewohnheit geworden sind, zu studieren.

So ist das mit Zeiten in der Wüste. Sie geben uns die Chance, Gott neu zu begegnen. Glaube und Vertrauen sind keine Motoren, die man durch Knopfdruck auf höhere Leistung bringt. Glaube und Vertrauen sind wie ein lebendiges Wesen, das wächst, manchmal schnell, manchmal langsam, aber immer mit viel Geduld und unter hohem Verbrauch von Kräften.

Der Prophet Jeremia vergleicht einmal einen Menschen, der glaubt, mit einem Baum, der am Wasser gepflanzt ist. Er wächst, treibt Blätter und bringt Frucht. Er kann das nur, weil er an der Quelle lebt und seine Wurzeln zum Wasser hin ausstreckt. Das Wachsen und Fruchtbringen ist kein Problem, aber es braucht Zeit und Geduld. Es braucht vor allem auch Zeit, in der der Baum ruht, verkraftet und verankert, was ihm an Neuem zugemutet wird. Nur ein Baum, der den Winter kennt, hat auch Kraft für einen neuen Frühling.

Zacharias' Warten und Schweigen ist so eine Winterzeit. Er hat jetzt noch eine wichtige Aufgabe vor sich, obwohl auch er ein alter Mann ist. Nach Ablauf von wenigen

Monaten wird er einen Sohn in den Armen halten. Und es wird nicht irgendein Sohn sein. Dieser Sohn wird eine besonders sorgfältige Erziehung brauchen. Zacharias und Elisabeths Sohn kommt mit einem besonderen Auftrag in diese Welt. Darauf muss er von seinen Eltern vorbereitet werden. Wie gut, dass sich Zacharias selbst jetzt darauf vorbereiten kann.

Zeiten, in denen wir einfach schweigen und warten, passen heute nicht in den Trend. Effektivität und Geschwindigkeit haben Vorrang. Wenn es an irgendeiner Stelle nicht mehr läuft, dann wird dieses Gleis schnell endgültig stillgelegt und eine neue Strecke eröffnet. Nur keinen Stillstand! Schweigen und Warten in Gottes Angesicht aber hat nichts mit Stillstand zu tun, sondern mit Tiefgang. Wer es wagt, Wüstenzeiten auszuhalten, vielleicht sogar Wüstenzeiten einzuplanen, wird vorwärts kommen, auch wenn nach außen zunächst gar nicht so viel davon sichtbar wird.

Aus der Natur wissen wir: Was schnell wächst, vergeht auch wieder schnell. Was sich Zeit lässt, worauf man warten muss, was nur langsam vorankommt, hat tiefe Wurzeln, einen stabilen Stamm und weit ausladende Äste. Für einen starken, schattigen Baum lohnt es sich zu warten – und zu schweigen.

ZUM NACHDENKEN:

»Der Herr ist geduldig und von großer Kraft.«
Nahum aus Elkosch

Johannes

Johannes der Täufer

Mit Leib und Leben

Johannes trug Kleider aus gewebtem Kamelhaar und einen Lederriemen um die Hüften; er ernährte sich von Heuschrecken und wildem Honig. *Matthäus 3,4*

■ Da würde sicher so mancher hinsehen, wenn Johannes in seinem Prediger-Outfit durch die Fußgängerzone einer deutschen Großstadt ziehen würde. Seine Haare und sein Bart waren ungeschnitten, die Statur von der mageren Kost sicher hager und knochig, während die Kleidung aus rauem Naturstoff und nicht aus dem feinen Leinen der besseren Leute gewebt war.

Das Aussehen von Johannes sprach ganz für die Askese, die er bereits einige Zeit in der Wüste gelebt hatte. Mit Leib und Leben, mit Haut und Haar hatte er sich seiner Berufung verschrieben und eingelöst, was seinem Vater einst geboten worden war. Wenn irgendeiner lebte, was er predigte, dann war das Johannes der Täufer.

Johannes war fest davon überzeugt, dass Gott bald den Retter für sein Volk Israel senden würde. Nicht nur Johannes glaubte das, es glaubten viele zu seiner Zeit und auch schon viele in den Jahrhunderten vorher. Aber das Besondere für Johannes war: Er sollte Herold sein! In diesem Bewusstsein war er erzogen worden. Deshalb war seine Erwartung des Kommenden so intensiv, dass alles andere nicht mehr wichtig war.

Es gibt einfach Momente, in denen nur eines noch zählt. Wenn sich die Geburt eines Kindes ankündigt, dann wird alles andere unwichtig. Es ist schlicht keine Zeit mehr. Wenn jemand im Straßenverkehr verunglückt, dann werden Termine zweitrangig und es gilt nur noch zu retten, was zu retten ist. Wenn zwei Menschen ineinander verliebt sind, dann ist klar, wer Priorität hat. Und wenn wir nun sicher wüssten, dass das Ende der Welt morgen ansteht, dann würden wir auch nicht mehr fürs Wochenende einkaufen oder den nächsten Urlaub planen. Genauso konzentriert und eindeutig lebte Johannes.

Dann kam der Ruf: Johannes, jetzt ist es soweit. Geh und predige! Und Johannes predigte: Tut Buße! Kehrt um! Lasst den Zank mit dem Nachbarn. Hört auf, einander etwas vorzumachen, betrügt und belügt einander nicht mehr! Seid darauf vorbereitet, Gott und seinem Gesandten ins Angesicht zu schauen. Auf das Ende zuleben, heißt nämlich nicht nur, dass man bestimmte Dinge lässt, einfacher und zielstrebiger lebt. Es bedeutet auch, bestimmte Dinge gerade jetzt zu tun.

Jetzt gilt es einen neuen Weg einzuschlagen, endlich so zu leben, wie Gott es schon längst gewollt hat.

Nun aber lässt sich etwas ganz Merkwürdiges beobachten: Wenn wir die Predigt des Johannes lesen, dann merken wir, dass sie alles andere als einschmeichelnd war. Trotzdem erlebte er eine Erweckung. Die Straßen in Jerusalem waren leergefegt, wenn Johannes predigte. So erzählen es uns die Evangelien. Was aber war das Anziehende an einer so unattraktiv verpackten Botschaft?

Johannes und seine Zuhörer wussten: Der Verzicht und die Umkehr waren nur das Tor zu einem ganz neuen Leben. Gottes neue Welt leuchtete so hell und so eindringlich in ihr Leben hinein, dass jeder sich beeilte, die Last seines Dunkels loszuwerden.

Wir sind schnell dabei, so eine Johannes-Botschaft abzulehnen, die von Verzicht und Konsequenz spricht. Ein Leben als Christ darf möglichst nichts mehr kosten. Der Glaube wird zum Sahnehäubchen auf einer Torte, die wir uns längst selbst gebacken haben. Die Frage ist nur, ob solch ein Glaube nicht früher oder später in einem großen Durcheinander endet.

Johannes lebte ganz einfach – er hatte einige Sorgen weniger als wir. Wer seine Predigt hörte und umkehrte, wer bekannte und bereinigte, lebte befreiter – er war eine große Last los. Es muss ja nicht sein, dass sich die Menschen nach uns umdrehen und den Kopf schütteln. Das Unnötige loszulassen, ist meist nicht so spektakulär. Aber merken dürfen sie es und staunen dürfen sie, dass der Glaube ein Leben verändert und leichter macht.

ZUM NACHDENKEN:

»Gehorsam unter Vorbehalt ist Abschaffung des Christentums. Wie viele Bewunderer hat Christus doch und wie wenige Nachfolger.«

Sören Kierkegaard

Johannes

Wenn alles wankt

Johannes der Täufer, der damals im Gefängnis war, hörte von den Taten des Christus. Er schickte seine Jünger zu Jesus mit der Frage: »Bist du wirklich der, der kommen soll, oder sollen wir auf einen anderen warten?« *Matthäus 11,2-3*

■ Es ist eine der bewegendsten Geschichten der Bibel, die uns hier erzählt wird.

Johannes war der entscheidende Vorbote von Jesus gewesen und zwar ein gewaltiger, überzeugter und wahrhaft furchtloser. Jetzt hören wir von einem gebrochenen Mann, dem alles ins Wanken gerät. Was er verkündigt und andere gelehrt hat, kann er jetzt selbst nicht mehr glauben.

Was war geschehen? Johannes hatte ein ganz festes Gottesbild, das Bild von einem starken Gott. Er war geprägt von dem, was man ihn selbst gelehrt hatte, aber auch von den Botschaften, die er als Prophet in der Wüste empfangen hatte.

Es war der feste Glaube des Johannes, dass er auf der Seite des Stärkeren war, der ihn so mutig machte. So wie

Kinder ganz mutig werden, wenn der große Bruder in der Nähe ist. Mutig und sicher war Johannes, dass Gott jetzt bereit war, eine neue Weltordnung zu schaffen. In dieser Sicherheit konnte er sich auch unbequemen Zeitgenossen stellen.

Als Krönung bekam Johannes sogar noch ein Zeichen. Als er Jesus begegnete, öffnete sich den beiden für einen kurzen Moment der Himmel und Gott, der Vater, sagte es selbst: »Das ist er! Jetzt beginnt die neue Zeit.« Jetzt gab es keinen Zweifel mehr. Johannes war glücklich, glücklich darüber, dass der Moment gekommen war, auf den ein unterdrücktes Volk seit Jahrhunderten gewartet hatte.

Doch ehe es soweit war, dass Johannes Taten sehen konnte, wurde er von Herodes gefangen genommen und ins Gefängnis gesteckt, in ein Rattenloch, in den Kerker. Damit aber geriet Johannes' Glaube ins Wanken.

Hätte Gott dem nicht wehren können? Wäre es nicht ein Beweis der göttlichen Macht gewesen, wenn nicht Johannes, sondern endlich dieser verhasste König ins Gefängnis geworfen und zur Rechenschaft gezogen worden wäre? Hatte Gott vergessen, wie Johannes für seine Sache eingetreten war und unerschrocken die Wahrheit vertreten hatte? Und warum griff der Messias nicht ein, den er angekündigt und dem er den Weg frei gemacht hatte? Wollte Gott nicht oder konnte er nicht?

So bewundernswert es ist, wenn jemand in seinem Glauben fest mit Gott rechnet, wenn einer an seinen Gott auch klare Erwartungen knüpft, so gefährlich wird es, wenn sich diese Erwartungen dann nicht erfüllen.

Was Johannes erlebt, durchleiden viele. In der Theorie wissen wir durchaus, dass Gott unser Denken ja übersteigen muss, sonst wäre er nicht Gott. Trotzdem findet eben dieser Gott immer wieder Platz in einer Schublade von ganz bestimmten Hoffnungen, die wir mit ihm verbinden.

Dann aber kann passieren, dass an dieser Schublade heftig geklopft und gerüttelt wird, dass die Hoffnungen zerplatzen und mit ihnen der Glaube in tausend Stücke zu zerspringen droht.

»Bist du es, der da kommen soll, oder sollen wir auf einen andern warten?« Sage mir, ob ich mich getäuscht habe! Habe ich mir und anderen etwas vorgemacht? Habe ich den Menschen, die an sich selbst verzweifelt waren, einen falschen Trost gespendet, habe ich sie nur vertröstet?

Diese Fragen auszuhalten, ist eine ganz bittere Sache. Es ist gut, wenn wir wie Johannes in diesem Moment wissen, wohin wir uns mit unseren Zweifeln wenden können.

Wenn wir die Geschichte als Ganzes lesen, dann erkennen wir, dass Jesus die Fragen von Johannes sehr ernst nimmt. Zwar diskutiert er nicht, er kritisiert aber auch nicht, so als wäre es für einen Mann in der Position eines Johannes ungebührlich zu fragen. Nein, Fragen ist erlaubt. Einen Zweifler hat Jesus nie abgewiesen, er hat ihn weitergeführt. Johannes wird von Jesus eingeladen, nochmals ganz genau hinzusehen. Jesus lässt sich auf den Prüfstand führen. Johannes darf fragen, bis er wieder sicher weiß, an wen er glaubt.

ZUM NACHDENKEN:

»Auch Wolken können Licht geben,
wenn die Sonne sie bescheint.«
Corrie ten Boom

Johannes

Die Freude daran, überflüssig zu sein

»Er muss immer größer werden, und ich immer geringer.« *Johannes 3,30*

■ Johannes war ein beliebter Prediger. Viele Menschen suchten seinen Rat. Er war so einflussreich, dass die Menschen überlegten, ob er nicht vielleicht selbst der versprochene Retter sei. Doch als sie so weit waren, ihn auf ein Schild zu heben, da wehrte Johannes ganz bescheiden ab: Nein, nicht ich! Ich darf ihm nicht einmal den Sklavendienst tun, die Schnüre seiner Sandalen zu lösen, so viel bedeutet er mehr als ich. Wenn er kommt, dann bin ich abgelöst, überholt, ausrangiert, dann könnt ihr euch beruhigt dem anderen zuwenden. Er weiß es dann besser, er macht es dann besser.

Johannes gebrauchte einmal ein Bild. Er verglich sich mit einem *Best Man*, dem besten Freund des Bräutigams, der ihn auf seiner Hochzeit begleitet. Ein echter Freund bangt mit, bis die Braut sicher in der Hand des Bräutigams ist. Ein echter Freund sehnt sich mit und freut sich mit, bis das Fest beginnt. Solch ein Freund aber hat irgendwann seinen Auftrag erfüllt. Seine wichtigste Aufgabe ist es, sich überflüssig zu machen. Dann ist die Freude am größten.

Johannes aber malte nicht nur ein Bild, er lebte auch ganz danach: Johannes trat zurück in der Erwartung, dass Jesus für ihn weitermacht. Er trennte sich sogar von dem einen und anderen seiner Jünger und schickte ihn zu Jesus. Er tat es nicht etwa, weil er schon zu alt wäre oder mit seiner Weisheit am Ende, auch Johannes war erst Anfang 30, sondern aus Überzeugung – da, mit diesem Mann geht Gottes Geschichte jetzt weiter. Wer weiterkommen will, muss sich von mir trennen.

Die Frage ist berechtigt, wie man zu einer solchen Haltung kommt. Eigentlich haben wir lieber eine Aufgabe, die uns erfüllt, und geben sie nicht so gerne ab. Oft hängt unser Selbstwertgefühl an dieser Aufgabe, an der Anerkennung, die wir durch sie genießen. Dann wollen wir lieber in etwas hineinwachsen, es entwickeln, lieber Erfolge sehen als den Rücktritt antreten und einem anderen das Feld räumen.

In Gottes Geschichte läuft es offensichtlich ganz anders. Das Überraschende ist: Selbst Jesus zieht für sich diese andere Linie. Er erklärt es einmal seinen Jüngern, dass es ihm nicht wie anderen Herrschern etwa darum geht, auf Kosten anderer groß rauszukommen. Sein Prinzip ist es vielmehr sich dran zu geben, damit andere groß herauskommen. Dafür gibt Jesus alles und erreicht so das Ziel. Den anderen über die eigenen Interessen setzen, heißt nicht, dass alles verloren ist. Jesus bleibt nicht etwa auf halber Strecke liegen, sondern er kann am Schluss mit ganzer Überzeugung sagen: »Es ist geschafft. Ich habe das Ziel erreicht.« Sein Leben erfährt Erfüllung in dem Moment, in dem nicht seine, sondern unsere Freude vollkommen ist.

So eine Haltung fällt uns nicht leicht, im Gegenteil: Wir tun uns so schwer mit dem Loslassen. Wir möchten uns gerne aufbewahren, uns nicht antasten lassen, das Beste für uns behalten. Manchmal scheint es, als trügen wir eine ganz tiefe Angst um uns selbst in unserem Herzen. Wir fürchten, wenn wir uns loslassen, dann gehen wir verloren.

Johannes und Jesus aber sagen uns: Wenn ihr euch loslasst, dann erst ist alles gewonnen. Dann nämlich erst kann aus eurer Hingabe etwas Neues werden. An die Stelle der Angst um uns selbst muss der Glaube treten, das Vertrauen in unseren Gott, der das Opfer will und braucht und weiß: Nur aus dem Opfer gewinnen wir das Bessere.

Eine Frau, die jahrelang unter sehr schwierigen Lebensumständen in China arbeitete, schrieb einmal: »Miss dein Leben am Verlust, nicht am Gewinn, nicht am genossenen Wein, sondern am ausgeschenkten Wein. Denn der Liebe Macht liegt in der Liebe Opfer, und wer am meisten leidet, kann am meisten geben.«

Der Liebe Macht liegt in der Liebe Opfer – für Jesus könnten wir diesen Satz ganz dick unterstreichen. Wir leben davon, dass er dieses Opfer nicht gescheut hat.

In seiner Kraft ist es möglich, ihm das gleichzutun. Damit auch andere von dem leben, was wir im Glauben einsetzen.

ZUM NACHDENKEN:

»Es ist ein tiefes, schmerzvolles Glück,
ein Christ zu sein, und es geht dabei nicht
um Ehrenpokale und Serenaden, sondern um ehrliche
Galgen und fröhliche Auferstehung.«

Adolf von Thadden-Trieglaff

Petrus

Neu anfangen, als wäre nichts geschehen

Da sagte er: »Werft euer Netz auf der rechten Seite des Bootes aus, dann werdet ihr etwas fangen!« Sie taten es, und bald konnten sie das Netz nicht mehr einholen, weil so viele Fische darin waren.

Johannes 21,6

■ Zweimal erlebt Petrus genau dasselbe. Am helllichten Tag nach erfolgloser Nachtarbeit wird er, der gelernte Fischer, von Jesus auf den See hinausgeschickt, wirft seine Netze aus und kommt – wider alles Erwarten – mit einem Boot voller Fische ans Ufer zurück. Wogegen alle Gesetze der Erfahrung sprechen, kann geschehen, weil Jesus es will.

Beim ersten Mal knüpft sich an dieses Erlebnis die Berufung des Petrus. Petrus erkennt: Hier hat nicht einfach einer Glück gehabt, weil sich die Fische heute nicht an die Regeln gehalten haben. Hier stehe ich vor dem Schöpfer und Herrn meines Lebens. Dem muss ich mich beugen, dem darf ich aber auch folgen. Er will mich gebrauchen.

Bis zum zweiten Fischzug ereignet sich viel. Petrus er-

Petrus

lebt drei aufregende Jahre an der Seite von Jesus, dann aber versagt er kläglich. Angesichts einer einfachen Sklavin streitet er ab, mit diesem Jesus aus Nazareth je etwas zu tun gehabt zu haben. »Bei Gott, ich schwörs, ich kenne ihn nicht!«, beteuert er und verliert damit alles – seinen Mut, seine Entschlossenheit, seine Selbstachtung und seine hohe Berufung. Für Petrus gibt es nur noch eins: Er geht zurück zu seinen Netzen. Offensichtlich ist seine Person für etwas anderes ungeeignet.

Doch dann wiederholt sich alles noch einmal. Jesus kommt dorthin, wo sich Petrus gerade befindet, an den See, zum Fischen, in seine Enttäuschung und Resignation. Jesus gibt Petrus einen Auftrag: »Wirf dein Netz aus! Glaube mir, versuche es noch einmal. Gib mir die Chance, dir zu zeigen, wer ich bin!« Und Petrus gehorcht, wohl erstaunt über sich selbst, der in diesem Moment noch einmal alle Argumente und Bedenken über Bord wirft. Aber er gehorcht und erfährt, dass es sich lohnt. Die Netze werden voll, die Boote quellen über – genau wie damals.

Aber was ist mit der Schuld, die Petrus auf sich geladen hat? Was denkt Jesus über seine schwache Stunde im Hof des Hohen Priesters? Mitbekommen hatte er sie. Jesus, der Verurteilte, Gedemütigte und Geschlagene, suchte damals den Blickkontakt mit seinem stolzen Jünger. War mit der Verleugnung des Petrus nun nicht alles zerbrochen, nicht nur in dem tapferen Mann, sondern auch in seiner Beziehung zu Jesus?

Dass Jesus ihn noch einmal zum Fischen schickt, spricht allein schon Bände. Jesus möchte nicht, dass sein Jünger in der Enttäuschung liegen bleibt, sondern dass er noch einmal von vorn beginnt. So als wäre nichts geschehen, füllt er ihm wieder die Hände und spricht auch eine ganz neue, eine weit größere Berufung aus. Petrus soll unter den Menschen, die zu Jesus finden, Verantwortung übernehmen. Er soll leiten und Vorbild sein.

Vorbild darin, wie man auf die Nase fällt? Nein, Vorbild darin, wie man wieder aufsteht, wie man durch Jesus wieder aufgerichtet wird. Vorbild dafür, dass es bei Jesus einen neuen Anfang gibt, der von etwaigen Restposten alter Lasten völlig frei ist.

Aber nicht nur das Verhalten von Jesus überrascht und macht Mut. Erstaunlich ist auch, dass Petrus es wohl geahnt hat, dass Jesus ihm helfen wird. Als nämlich den Jüngern auf dem See in ihren Booten klar wird, wer sie da zum Fischen hinausgeschickt hat, verkriecht sich Petrus nicht etwa oder stürzt sich in die Arbeit, um vom eigentlichen Problem abzulenken. Nein, er verlässt das Boot, die Netze und die Fische, springt ins Wasser und schwimmt zu Jesus ans Ufer. Er will diese Begegnung mit Jesus. Er läuft ihr nicht davon, denn er weiß: Jesus hat noch nie einen Menschen in seiner Schuld allein gelassen. Wer sich beladen und belastet fühlt, der ist bei Jesus willkommen.

ZUM NACHDENKEN:

»Du trittst in eine Schöpfungsstunde Gottes hinein,
wenn du dir deine Schuld vergeben lässt.
Und in dieser Schöpfungsstunde
wird das Neue geboren.«

Friedrich von Bodelschwingh

Petrus

Durchs Himmelsfenster geblickt

»Wir haben uns nicht etwa irgendwelche klugen Geschichten ausgedacht. Nein, wir haben seine Majestät mit eigenen Augen gesehen.« *2. Petrus 1,17*

■ Petrus erzählt, wie das war, damals mit Jesus auf dem Berg der Verklärung. Mit strahlend hellen Kleidern, himmlisch verklärt und fern aller irdischen Realität war Jesus den Jüngern auf einmal erschienen. Neben Jesus traten die beiden führenden Persönlichkeiten des biblischen Glaubens, Mose und Elia. Der Himmel war auf die Erde gekommen, Gottes Welt zum Greifen nah. Schließlich war auch noch Gottes Stimme selbst zu hören, laut und deutlich, unzweifelhaft klar. Petrus und die anderen bekamen zwar einen gehörigen Schrecken. Darauf waren sie nicht vorbereitet. Aber sie hatten keine Angst. Es war ihnen nicht zum Davonlaufen, im Gegenteil – hier wären sie gern geblieben und hätten den Himmel festgehalten.

Was sie erlebten, war nicht nur ein Blick in den Himmel und seine Welt. Die Verklärung erlaubte den Jüngern einen Durchblick: einen Durchblick in die Herkunft von Jesus, einen

Einblick in den Plan Gottes mit seinem Sohn und einen Augenblick überwältigender Erfahrung der Gegenwart Gottes.

Diese Begegnung auf dem Berg der Verklärung hatte nämlich für Jesus und für die Ohren der Jünger ein ganz wichtiges Thema. Es ging um den Tod von Jesus am Kreuz in Jerusalem. Darüber redeten Mose und Elia mit ihm. Sie waren für Jesus selbst eine Vergewisserung, dass es nun nicht dem Ende, einem schmählichen Ende, sondern dem Ziel entgegenging. Petrus und seine Freunde hörten das mit.

Natürlich vergaßen sie es im Eifer des Gefechts, im Garten Gethsemane und am Tag der Hinrichtung ihres Meisters, aber im Rückblick fiel es ihnen wie Schuppen von den Augen. Gott hatte eben *keinen* Fehler gemacht. Erstaunlicherweise und für den menschlichen Verstand fast unbegreiflich hatte der himmlische Herr die Kontrolle über die Situation nie aus der Hand gegeben.

Auf Dauer war tatsächlich nicht die übernatürliche Erscheinung das Tragende, sondern die Gewissheit: Hinter dem, was Jesus tut und mit Jesus geschieht, steht der Gott des Himmels. In Jesus erfüllen sich jahrhundertealte Verheißungen. Was Gott geredet hat, wird Wirklichkeit. Deshalb ist auf ihn Verlass.

Momente dieser Art im Glauben sind selten. Auch für Petrus, Johannes und Jakobus waren sie nur eine kurze Episode. Die anderen neun Jünger waren nicht einmal dabei. Ihr Glaube musste vom Erzählen leben – und doch war der Glaube deshalb nicht gewisser als der ihre.

Die Momente im Glauben, in denen uns der Himmel auf Erden zu begegnen scheint, können sehr flüchtig sein. Manchmal wünschten wir uns ein paar davon, wenn die Dinge allzu sehr in einen Trott geraten sind, wenn nichts

Spektakuläres geschieht oder zu viele Fragen offen bleiben. Ob sie uns aber wirklich gewiss machen? Ob nur sie Fragen beantworten und Zweifel wegblasen?

Petrus hat auch das Erlebnis der Verklärung nicht vor dem Zweifel bewahrt. Jesus sagt nach seiner Auferstehung zu seinem Jünger Thomas: »Du glaubst, weil du mich gesehen hast. Gesegnet sind die, die nicht sehen und doch glauben.« Auf das Sehen kommt es also nicht an. Und nicht der, der gesehen hat, hat auch den größeren oder gewisseren Glauben.

Was die Jünger vom Berg der Verklärung begleitet, was den enttäuschten Petrus wieder aufrichtet und den zweifelnden Thomas zum Glauben führt, ist die schlichte Tatsache, dass Jesus bei ihnen ist und bleibt. Die himmlischen Gestalten ziehen sich zurück, das helle Licht erlischt, aber auch die Schuld verliert an Last und der Zweifel löst sich auf wie ein Nebel, wenn Jesus da ist. Er ist es, der allein bleibt, der bei uns bleibt, auf den Höhen einer Gotteserfahrung, in der Verwirrung über Gottes Wege, in der Enttäuschung über unseren Kleinglauben und im Glauben, der zu ermüden scheint.

ZUM NACHDENKEN:

»Die meisten Enttäuschungen im Glaubensleben kommen daher, dass wir schon schauen wollen, was wir erst einmal glauben sollen.«

Kurt Scherer

Petrus

Ein gehüteter Behüter

Jesus wiederholte die Frage: »Simon, Sohn des Johannes, liebst du mich?« »Ja, Herr«, antwortete Petrus, »du weißt, dass ich dich lieb habe.« »Dann hüte meine Schafe«, sagte Jesus. *Johannes 21,16*

■ Es ist vielleicht nicht der günstigste Augenblick, in dem Jesus seinem Jünger diese Aufgabe überträgt. Zum ersten Mal treffen sich die beiden nach der Auferstehung von Jesus wieder. Petrus ist noch dabei, sich selbst zu sortieren. Jetzt soll er gleich Verantwortung übernehmen. Kann er das überhaupt? Sollte Petrus nicht erst einmal noch ein paar Jahre dazulernen, Praxis in Sachen »Selbst-Glauben« bekommen, ehe er beginnt, für andere zu sorgen?

Petrus gleicht dem jungen Manager, der bei einem waghalsigen Projekt Gelder seiner Firma in Millionenhöhe in den Sand gesetzt hat. Kleinlaut betritt er das Büro seines Vorgesetzten – absolut sicher, dass seine Karriere nun beendet sein würde. Doch auf die leise Frage: »Jetzt werden Sie mich sicher entlassen!?«, hört er nur die feste Antwort:

»Das kann ich mir gar nicht leisten. Ich habe soeben Millionen in Ihre Ausbildung investiert.«

Petrus hatte in den wenigen Tagen vor diesem Gespräch weit mehr für seine Aufgabe gelernt als in den drei Jahren zuvor. Er wusste jetzt: Wer glaubt, kann nur das weitergeben, was er auch empfängt. Wer andere behüten will, der braucht selbst einen vorbildlichen Hüter.

Später schreibt Petrus an Menschen, die ihm anvertraut sind: »Früher seid ihr umhergeirrt wie verlorene Schafe. Aber nun seid ihr zu eurem Hirten zurückgekehrt, dem Beschützer eurer Seelen.« Wenn Petrus das schreibt, dann kannte er das aus eigener Erfahrung, das Umherirren, aber auch das Zurückkehren und schließlich das wohltuende Wissen, dass einer seine irrende und verzweifelte Seele unter seinen Schutz nimmt.

Hüter zu sein, für andere Menschen in ihrem Glauben Verantwortung zu übernehmen, geschieht in vielfältiger Weise. Als Eltern tragen wir Verantwortung für unsere Kinder, als Hauskreis- oder Jungscharleiter für unsere Gruppe, als Christen im Alltag für die Menschen in unserer Umgebung. Wir sind Vorbild, Lehrer, Leiter und damit »Hirte«, ob es uns immer so bewusst ist oder nicht. Vor allem aber – ob es uns danach zumute ist oder nicht.

Hirte zu sein, ist gar nicht einfach. Hirte zu sein, wird erst so recht schwer, wenn uns die eigenen Unzulänglichkeiten bedrängend vor Augen sind. Schließlich wissen auch wir nicht immer weiter und haben auf alle Fragen eine Antwort. Schließlich entgeht auch uns hin und wieder eine fremde Not, weil wir zu sehr mit uns beschäftigt sind. Und die Vorstellung, dass unser Vorbild entscheidend prägt, macht nicht nur Mut. Schließlich gehören wohl unsere

Schokoladenseiten zu diesem Bild, aber genauso unsere Ecken und Kanten. Geht das dann überhaupt mit dem Hirte sein?

Wie ging das bei Petrus? Es fällt auf: In dem Moment, in dem er seinen Auftrag bekommt, kommt ihm dieses Mal kein vollmundiges Bekenntnis über die Lippen. Was er kann oder nicht kann, steht überhaupt nicht zur Diskussion. Früher war das ganz anders. Aber jetzt hört er nur hin, welchen Auftrag sein Meister für ihn hat, welche Menschen ihm anvertraut sein sollen.

Das Einzige, was Petrus zu seiner Aufgabe beizutragen hat, ist seine Liebe zu Jesus. Aber selbst die Gewissheit, dass diese Liebe hält, überlässt er Jesus. »Ja, Herr, du weißt, dass ich dich lieb habe.« Petrus ist sich nicht mehr so sicher, ob er noch etwas versprechen kann. Aber er ist sich sicher, dass alle Ungewissheit und alle Selbstzweifel bei Jesus gut aufgehoben sind. Deshalb lässt er sich berufen.

Verantwortung übernehmen im Glauben, das geht, wenn Jesus Verantwortung für unseren Glauben übernimmt. Wenn wir selbst es erfahren, was es heißt, Behütete zu sein, dann können wir auch zu Behütern und Beschützern werden. Hirte zu sein und einen Hirten zu haben – das ist das Geheimnis, wie sich Verantwortung tragen lässt.

ZUM NACHDENKEN:

»Der Glaube ist in erster Linie eine geöffnete Hand,
eine Gabe entgegenzunehmen,
und erst in zweiter Linie eine tätige Hand,
Gaben auszuteilen.«

Paul Tillich

Petrus

Im Leid nur Jesus vor sich

Das Leiden gehört zu dem Leben, zu dem Gott euch berufen hat. Christus, der für euch litt, ist euer Vorbild, dem ihr nacheifert. *1. Petrus 2,21*

■ Zum Leben der ersten Christen gehörte das Leiden ganz schnell zum Glauben dazu. Sie waren keine anerkannte Weltreligion, keine etablierte Landeskirche oder eine von der allgemeinen Toleranz getragene Gruppe. Christen waren Störenfriede und Volksverhetzer, immer im Verdacht, gegen Kaiser und Staat zu agieren. Wer einen Helden zum neuen Gott erhob, der war in. Wer für seinen Gott aber den Anspruch erhob, allein das Sagen zu haben, der war unerwünscht, ja gefährlich. Entsprechend bedrohlich, hart und unsicher konnte das Leben werden, wenn sich jemand für Christus entschied.

Petrus sagt zunächst: Das ist so normal. Davon müsst ihr ausgehen. Man kann nicht Christ werden, ohne einen Preis dafür zu bezahlen. Damit spricht Petrus vor allem aus eigener Erfahrung, aber auch aus der Erinnerung heraus.

Denn nichts anderes hatte Jesus für die Zukunft seiner Leute vorausgesagt.

Also, folgert Petrus: Wenn euer Weg euch in Schwierigkeiten bringt, dann wisst ihr, dass ihr auf der richtigen Spur seid. Glauben und Leiden stehen nicht im Widerspruch zueinander. Denkt einfach an den, dem ihr nachfolgt. Denn auch Jesus ging es nicht anders als euch. Sein Leben war wahrlich nicht auf Rosen gebettet. Er ist nicht an sein Ziel gekommen, ohne dass ihm ein Haar gekrümmt wurde. Und er ist den Schwierigkeiten nicht aus dem Weg gegangen.

Nun sind wir glücklicherweise in unserer Zeit und Gesellschaft nicht den Widrigkeiten ausgesetzt, mit denen die ersten Christen konfrontiert wurden. Es droht uns keine staatliche Verfolgung, wenn wir unseren Glauben leben. Wir ernten höchstens ein mildes Lächeln, das uns verletzt. Wir erleben vielleicht eine harte Diskussion, die uns ratlos lässt, oder den eiskalten Spott, der uns aus dem Takt bringt. Was wir erleiden, weil wir glauben, wiegt lange nicht so schwer wie das Leiden anderer Generationen und Länder.

Aber wir leiden deshalb nicht minder. Auch uns stellt sich die Frage: Stehen Glauben und Leiden nicht im Widerspruch zueinander? Wie passt der Glaube an einen liebenden Gott damit zusammen, dass ich selbst einen schweren Weg gehe? Was kann ich Menschen sagen, die unter ihrer Last beinahe zerbrechen und kaum noch glauben können?

Was Petrus schreibt, ist sicher keine Antwort auf alle Fragen. Aber es kann uns einen neuen Blick dafür eröffnen, wohin das Leiden uns führt.

Denn ganz gleich, ob wir unter Menschen leiden, ob wir wegen unseres Glaubens Nachteile einstecken oder ob wir aus anderen Gründen Schweres erleben, wir halten diesen

Weg immer für unseren Untergang, für eine Katastrophe. Leiden, meinen wir, ist dazu da, dass es uns zerstört. Wenn nicht gleich ganz, dann doch sicher mit der Zeit.

Petrus sagt: Im Leiden habt ihr nicht euer Ende vor euch, sondern den Christus. Das Leiden treibt euch nicht von ihm weg, sondern führt euch in ein tieferes Verstehen hinein. Ihr erfahrt es an eurem eigenen Leib, in euren Fragen und Zweifeln sowie in der tiefsten Tiefe eures Herzens, wie er gelebt und was er erlitten hat. Er ist es, dem ihr folgt und nicht einem blinden Schicksal.

Euer Weg führt euch zu Christus. Im Leiden seid ihr auf der richtigen Spur. Deshalb wird auch euer Ende seinem Ende gleich sein. Vielleicht denken die anderen, sie könnten euch dem Erdboden gleichmachen. Vielleicht beobachten euch die anderen, die Starken, Gesunden, Selbstsicheren und warten darauf, dass ihr resigniert und verbittert.

Aber wenn auch andere meinen, ihr müsstet zerbrechen, dann vergesst nicht: Für Jesus ist das Leiden wohl ein Weg, aber nicht das Ende. Für ihn hat es aus dem Zerbruch einen neuen Anfang gegeben, die Auferstehung. Deshalb heißt, auf die Spur von Jesus einzuschwenken, immer auch, mit ihm ans Ziel zu kommen.

ZUM NACHDENKEN:

»Herr, unsre Not ist deine Zeit;
und mag uns immer grauen:
du bist der Herr und bist nicht weit und hilfst,
wenn wir vertrauen.«

Arno Pötzsch

Barnabas

Barnabas

Ins Leben investiert statt für den Tod gespart

Josef, den die Apostel Barnabas nannten, verkaufte einen Acker, den er besaß, und brachte den Aposteln das Geld als Hilfe für die Bedürftigen.

Apostelgeschichte 4,36-37

■ Während wir uns das Geld vom Mund absparen, um einen Acker zu kaufen oder ein Haus zu bauen, praktiziert Barnabas genau das Gegenteil. Aus seinem Acker macht er Geld und mit diesem Geld macht er Menschen satt. Zunächst mal klingt es bewundernswert. Dann aber mag die erste stille Bewunderung dem verständnislosen Kopfschütteln weichen. Wie kann man nur so kurzsichtig und unvernünftig handeln? Was war das nur für ein Fanatiker, dieser Barnabas?

Barnabas war Levit, d. h. er gehörte zu einer Priesterfamilie. Deshalb hatte er zu Hause den jüdischen Glauben sozusagen mit der Muttermilch in sich aufgenommen. Dann gehörte Barnabas zu den so genannten Diasporajuden, die in Griechenland, Kleinasien, Italien und auf der ganzen Welt ihren Glauben lebten und nur an großen Festtagen nach Jerusalem kamen.

Wer es sich aber leisten konnte, kaufte sich einen Acker in der heiligen Stadt. Denn hier wollte er beerdigt werden. Der Messias sollte eines Tages nach Jerusalem kommen und mit ihm die Auferstehung der Toten. Da wollte ein frommer Jude ganz vorn mit dabei sein.

So etwas nennt man konsequent – aus dem Glauben wird das entscheidende Handeln gefolgert und vollzogen.

Barnabas war nicht minder konsequent, als er Christ wurde. Wir wissen nicht, ob Barnabas schon längst von Jesus gehört hatte. Wir wissen nur: Jetzt war er Christ. Er hatte verstanden, dass der Messias gekommen war. Deshalb gab es für ihn keinen Grund mehr, sich in Jerusalem beerdigen zu lassen. Seinen Acker konnte Barnabas getrost verkaufen. Und er tat es. Statt für den Tag des Todes zu horten, wollte er lieber ins Leben investieren.

Barnabas war gerade nicht kurzsichtig, sondern vorausschauend. Sein Blick ging weit über das hinaus, was wir Menschen sonst so vor Augen haben, das Altern, das Abnehmen und den Tod. Das aber ringt mir mehr als ein verständnisloses Kopfschütteln ab. Es weckt in mir die Frage: Glaube ich etwa nicht dasselbe wie Barnabas? Wäre es deshalb nicht angemessen, wenn auch ich weiterschauen und anders handeln würde? Investiere ich nicht noch viel zu sehr in Dinge, die sowieso sterben, statt an das zu denken, was ewig bleibt?

Geburtstage zum Beispiel wirken manchmal ganz »bedrohlich«. Dann liegen mir nicht nur die Festvorbereitungen im Magen, sondern auch der Gedanke, dass ich wieder ein Jahr älter bin. Gottes Blick auf mein Leben aber kann helfen, denn er liebt mich nicht nur seit Ewigkeiten, sondern will mich für alle Ewigkeit bei sich haben.

Der Anblick von Falten am Morgen im Spiegel kann mutlos machen. Auf einmal erscheinen neben mir all die makellos gecremten Gesichter der Models aus den Zeitschriften und ich fühle mich völlig nichtssagend und unattraktiv. Warum aber sollte ich verzweifelt konservieren, was sowieso nicht für die Ewigkeit geschaffen ist? Darüber vergesse ich nur, dass jede Altersstufe auch eine besondere Chance in sich trägt. Schließlich kommen wir nicht mit Erfahrung auf die Welt und wer an Jahren reich ist, hat auch viel zu geben.

Außerdem gibt es unendlich viele Momente, in denen es gilt loszulassen. Die Kinder werden selbstständig, irgendwann verlassen sie das Haus. Der Arbeitsplatz wird von einem anderen eingenommen. Ich muss Aufgaben abgeben, die mir so lieb waren. Das sind schmerzhafte Momente und es bleibt trotz allem ein Prozess, sich an ein neues Leben zu gewöhnen, aber es bricht mir keine Welt zusammen, weil ich immer noch eine aufregende Zukunft vor mir habe.

Nein, wenn Christus wirklich lebt und wenn er meine Hoffnung ist, dann kann ich auch das Abnehmen meiner Kräfte getrost akzeptieren. Dann kann ich in meinen Grenzen neue Möglichkeiten entdecken. Dann kann ich mich ganz bewusst auf das Loslassen, das Abgeben und auch auf das Heimgehen einstellen. Denn der Glaube sagt mir: In diesem Moment habe ich nicht etwa das Leben hinter mir, sondern es liegt in seiner ganzen Fülle vor mir.

ZUM NACHDENKEN:

»Wer weiß, wem die letzte Stunde gehört,
der braucht die nächste Minute nicht zu fürchten.«
Unbekannt

Barnabas

Von der Fähigkeit, andere zu fördern

Als Saulus wieder in Jerusalem eintraf, versuchte er, sich mit den Gläubigen dort in Verbindung zu setzen, aber alle hatten Angst vor ihm, denn sie glaubten nicht, dass er wirklich zu Jesus gehörte. Doch schließlich führte Barnabas ihn zu den Aposteln und erzählte ihnen, wie Saulus auf dem Weg nach Damaskus den Herrn gesehen hatte.

Apostelgeschichte 4,27

■ Barnabas hatte in Jerusalem die erste schwere Zeit miterlebt, die die junge Gemeinde durchlitt. Der Diakon Stephanus war durch den aufgebrachten Mob mit Steinen erschlagen worden und der Hass gegen Jesus brach wieder auf.

Nun hörten die Christen in Jerusalem, dass sich einer ganz besonders in der Verfolgung der jungen Gemeinde hervortat, ein gewisser Saulus aus Tarsus. In Damaskus wollte er Christen aufspüren und verhaften lassen. Während die Leute in Jerusalem noch um die Gemeinde in Damaskus bangten, kam das Gerücht auf, Saulus sei Christ geworden. Aber konnte man dem glauben?

Barnabas

Als Saulus plötzlich wieder in Jerusalem auftauchte, wurde das überhaupt nicht begeistert aufgenommen. Nein, die Christen hatten Angst vor ihm. Vielleicht war er ja nur ein V-Mann, ein Spitzel. Vielleicht schlich er sich ein, um die Mitglieder und die Hauptverantwortlichen der Gemeinde kennen zu lernen. War er nur der Vorbote einer groß angelegten Razzia?

Alle waren ratlos, Barnabas aber mutig. Er ging zu Saulus hin und befragte ihn selbst. Er ließ Saulus erzählen, was er erlebt und erkannt hatte und nahm ihn schließlich mit, um ihn den Aposteln vorzustellen.

Um auf einen Todfeind zuzugehen, braucht es wahrlich eine Portion Mut. Es braucht dazu den festen Glauben, dass sich Menschen grundlegend verändern können, wenn sie Christus begegnen.

Glaube aber macht mutig. Glaube stellt sich den Herausforderungen, weil ein Mensch, der glaubt, nicht allein ist.

Wer glaubt, kann über sich hinauswachsen und er kann auch von sich absehen. Dass Barnabas nämlich den begabten Saulus in der Gemeinde einführt, hat noch einen ganz anderen Aspekt. Saulus als geschulter Theologe konnte der jungen Christenheit von großem Nutzen sein. Er brachte ja sein Wissen und seinen Einfluss mit. Barnabas hatte die Größe, diesen Mann nicht als Konkurrenz, sondern als Gewinn zu betrachten.

Den anderen in seinen Fähigkeiten zu fördern, ist ein Prinzip, das uns auch an anderen Stellen im Neuen Testament immer wieder begegnet. Es ist leider ein Gedanke, der nur noch wenige in unseren Gemeinden heute bewegt. Meist wird genau das Gegenteil davon praktiziert, dass wir uns fragen, wie viel der andere dazu beitragen kann, dass ich vorankomme. Und wenn ich dann nicht mehr genug von einer Person, einem Kreis oder gar einer Gemeinde profitiere, dann nehme ich mir die Freiheit weiterzuziehen.

Barnabas hatte nicht sich, sondern den anderen im Blick und er dachte an das Ganze der Gemeinde.

Es ist müßig zu fragen, aber doch interessant: Wo wäre Saulus geblieben ohne Barnabas? Was wäre aus der Gemeinde von Jesus geworden ohne Saulus? Unser Neues Testament jedenfalls wäre um einige Seiten dünner und um viele Erkenntnisse ärmer.

Eigentlich wäre es nicht auszudenken, was wäre, wenn sich Barnabas nicht hätte einspannen lassen in den Plan Gottes. Letztlich setzt Barnabas um, was Jesus mit seinen Jüngern gelebt und für seine Gemeinde gewollt hat: Dass wir einander Helfer werden auf dem Weg des Glaubens. Helfer aber wird man einander nicht, wenn der Gedanke leitet: Wer hilft mir? Vorwärts geht es erst, wenn ich mich selbst frage: Wo kann ich helfen? Wo hat der andere Gaben, auf die ich ihn aufmerksam machen kann? Vielleicht hat er sie an sich selbst noch gar nicht wahrgenommen. Vielleicht braucht es einen Begleiter, der ihm hilft, etwas in sich zu wecken und zu entfalten und ich bin der richtige Mensch, ihm das zu sein.

ZUM NACHDENKEN:

»Die wichtigste Stunde ist immer die Gegenwart.
Der bedeutendste Mensch ist immer der,
der dir gerade gegenübersteht.
Das notwendigste Werk ist immer die Liebe.«
Meister Eckhart

Barnabas

Eure Freude ist auch meine Freude

Als die Gemeinde in Jerusalem erfuhr, was geschehen war, schickten sie Barnabas nach Antiochia. Dort freute er sich sehr über die vielen sichtbaren Beweise von Gottes Handeln. *Apostelgeschichte 11,22f.*

■ In der Stadt Antiochia, 500 km nördlich von Jerusalem, war eine Gemeinde entstanden. Christen aus Jerusalem, die nach dem Tod von Stephanus das Weite gesucht hatten, hatten sie gegründet. Die Gemeinde war schnell gewachsen, doch auf einmal zählten sich auch Nicht-Juden dazu. Das machte die Verantwortlichen in Jerusalem skeptisch.

Was später ganz normal war, bereitete am Anfang noch Schwierigkeiten. Jesus war doch allein der Messias der Juden. Als Jude war er auf die Welt gekommen und gehörte ausschließlich zu diesem Volk. Wie konnte man ihn überhaupt richtig verstehen, wenn man nicht in diesem Glauben aufgewachsen war? Was war da in Antiochia nur aufgebrochen? War das noch gut?

Die Gemeindeleiter in Jerusalem schickten Barnabas, um nach dem Rechten zu sehen.

Barnabas aber war der richtige Mann in der Krise. Er sah nicht nur, was ist, sondern auch, was werden kann. Er hatte die Weisheit und das Verständnis dazu, um Wildwuchs von Nutzpflanze zu unterscheiden.

In dieser Mischung tat er den richtigen Griff. Er erkannte, dass Gott eine Erweckung geschenkt hatte und wusste: Jetzt brauchte es einfach noch die nötige Festigung, die gründliche Lehre, die einen Christen selbstständig macht. Dazu holte er sich Saulus zur Hilfe.

Menschen in der Krise sind wie Lebensretter. Sie greifen ein, helfen auf und dann lassen sie auch wieder die Finger davon. Wo sie sind, wird der Weg frei zum Durchatmen und zur Freude an dem, was wirklich wichtig ist. Die Bibel spart auch nicht mit einem dicken Lob für Barnabas, wenn sie schreibt: »Er war ein guter Mann, tief erfüllt vom Heiligen Geist und im Glauben verwurzelt« (Apostelgeschichte 11,24).

Da kann man sich schon fragen, warum Barnabas nicht zur Berühmtheit geworden ist. Warum muss man ihn in der Apostelgeschichte fast suchen?

In der allgemeinen Zurückhaltung spiegelt sich wohl das Wesen dieses Mannes. Barnabas musste nicht im Rampenlicht stehen. Er konnte sich ganz einfach mitfreuen, wenn es anderen gut ging.

Den anderen ein Helfer zu ihrer Freude sein, ist gar nicht so einfach. Sich im richtigen Moment aus einer Sache zurückziehen, ehe sie an einem klebt, ist eine hohe Kunst. Viel einfacher ist es, eine Aufgabe bis zum Ende selbst durchzuführen. Nur dann scheint auch sichergestellt zu sein, dass es richtig wird, weil eben nur das richtig ist, was wir uns selbst vorstellen können.

Barnabas konnte nur deshalb ein Helfer zur Freude für

andere sein, weil er das Ziel seiner Arbeit nicht in seiner eigenen Würde, sondern in der Ehre Gottes sah. Dass Gottes Ideen zum Zug kamen, war ihm viel wichtiger, als dass seine Strategie, sein guter Wille und sein Geschick etwas auf den Weg brachten.

Liegt aber nicht auch etwas Befreiendes in dem Wissen, dass ich es nicht bis zum Ende führen muss? Ich kann meinen Teil beitragen, aber irgendwann auch getrost andere heranlassen.

Ich muss es anderen überlassen – das ist eine Erkenntnis, die sich in Elternherzen breit macht, je größer die eigenen Kinder werden. Ich muss es anderen überlassen – so seufzt auch jemand, der eine Aufgabe in fremde Hände übergeben muss. Werden es die anderen gut machen?

Ja, wenn es nur um mich ginge, dann hätte ich wohl allen Grund zur Sorge. Denn sicher werden es die anderen auch anders anpacken. Aber wenn das Ziel nicht Menschensache, sondern Gottes Werk ist, dann kann ich doch entlastet sein. Meinen Teil habe ich beigetragen. Ich habe meine Steine ins Mosaik gelegt. Jetzt sind andere an der Reihe, um das Bild noch schöner zu vollenden, als ich es allein könnte. Meine Steine ins Mosaik des Schöpfers zu legen, ist mein Vorrecht und eine hohe Aufgabe. Den Entwurf des Ganzen ihm zu überlassen, darin liegt das Geheimnis einer noch größeren Freude.

ZUM NACHDENKEN:

»Das Beste und Schönste, wozu man
in diesem Leben gelangen mag, ist,
dass du schweigst und Gott wirken
und sprechen lässt.«
Dag Hammarskjöld

Lydia

Sehnsucht nach Leben auf der Chefetage

Eine der Frauen am Fluss bei Philippi war Lydia aus Thyatira, die mit kostbaren Purpurstoffen Handel trieb. Sie war keine Jüdin, hielt sich aber zur jüdischen Versammlung. *Apostelgeschichte 16,14*

■ Lydia war sicher eine besondere Frau: attraktiv, freundlich, patent, nüchtern, geschäftstüchtig, reich und erfolgreich. Lydia handelte mit einem unglaublich wertvollen Stoff, Purpur, dessen Färbung arbeitsaufwändig und teuer und deshalb nur für Könige und Kaiser erschwinglich war. Wer aber mit Purpur zu handeln wusste, der musste vermögend sein, dann aber gewandt und vertraut im Umgang mit den oberen Zehntausend.

Wir wissen nicht, warum gerade Lydia dieses Unternehmen führte: Vielleicht war sie verwitwet oder die einzige Erbin des väterlichen Betriebs. Jedenfalls hatte sie sich als geschickt erwiesen, denn das Geschäft florierte. Sie hatte also eine verantwortungsvolle Aufgabe inne, verwaltete ein stattliches Vermögen und leitete einen großen Geschäftshaushalt mit Angestellten, Sklaven und deren Familien. Wäre das nicht genug gewesen?

Für Lydia war es nicht genug. Lydia hatte Sehnsucht, auch auf der Chefetage. Sie hatte erkannt, dass gute Kleider nichts nützen, wenn ich mich gleichzeitig wie ein hässliches Entlein fühle, weil ich mich selbst nicht annehmen kann. Sie konnte auf ein großes Bankkonto verzichten, weil sie wusste, dass tragende Beziehungen nicht käuflich sind. Sie war überzeugt, dass eine gesicherte Stellung nur das eine ist, wenn mich aber Nöte überkommen, dann braucht es mehr.

Also nahm sich Lydia Zeit, nach diesem Mehr zu suchen und wurde dabei in einer kleinen jüdischen Gemeinschaft fündig.

Um in dieser Gemeinschaft dabei zu sein, zahlte Lydia durchaus einen hohen Preis. So erntete sie sicher bei manchem ihrer Geschäftspartner und Freunde Spott über diesen Kontakt, aber Lydia wusste: Wenn ich hier suche, dann kann ich das Leben finden. Deshalb hatte sie Zeit, an einem regulären Arbeitstag eine Gebetsstunde einzuplanen. Der jüdische Sabbat war schließlich kein staatlich verordneter Feiertag.

Sicher war Lydia in der jüdischen Gemeinde nicht der Glanzpunkt. Bei aller Anerkennung für ihre gesellschaftliche Stellung blieb sie eine Nichtjüdin, sie würde nie ganz dazugehören. Aber Lydia wollte lieber in der letzten Reihe stehen, als den Anschluss zu verpassen.

Leute wie Lydia gibt es bis heute. Beispiele für die Sehnsucht nach Leben auch in den Chefetagen gäbe es genug zu erzählen. Das Seltsame ist nur, dass sich im Lauf eines Christenlebens die Dinge wieder umzukehren scheinen. Natürlich bleibt das Bekenntnis, dass nur unser Glaube wahres Leben gibt. Trotzdem schenken wir immer wieder

der Meinung Gehör, als wären Standard und Ansehen das allein Erstrebenswerte.

Wir lassen uns von Markenklamotten und Geländewagen irritieren, durch »Häuslesbauer« und Karrieremenschen verunsichern. Sei es, dass uns der Neid packt, wenn wir nicht mithalten können, oder dass wir viel Zeit und Kraft investieren, um ganz vorn mit dabei zu sein. Warum vergessen wir nur, dass wir den größten Schatz längst in der Tasche haben?

Eine Inschrift im Lübecker Dom lässt Jesus sagen: »Ihr nennt mich Licht – so seht mich doch. Ihr nennt mich Weg – so folgt mir doch. Ihr nennt mich Leben – so sucht mich doch. Ihr heißt mich schön – so liebt mich doch.«

Manchmal müssen wir es uns wohl von Menschen mit einer Sehnsucht im Herzen sagen lassen: Es genügt nicht, das Licht, den Weg und das Leben zu kennen und von ihm zu reden. Es ist unabdingbar, dass wir es auch suchen, dass wir es sehen und dass wir ihm folgen.

Ein Mensch wie Lydia, dessen Sehnsucht nach Leben ganz frisch gestillt ist, ist eine Einladung Gottes an uns, denen die Sehnsucht abhanden gekommen ist. Jemand sagte einmal: Menschen, die neu zum Glauben finden, sind wie ein Liebesbrief Gottes. In ihnen können wir es nachlesen, wie gut es Gott mit uns meint und wieviel er für uns bereit hält.

ZUM NACHDENKEN:

»Ihr nennt mich Leben – so sucht mich doch.
Ihr heißt mich schön – so liebt mich doch.
Ihr heißt mich die Liebe, so folgt doch der Bahn,
denn wenn ihr mich liebt, habt ihr alles getan.«

Lydia

Kein Unterschied mehr

Sie ließ sich zusammen mit allen, die zu ihrem Haus gehörten, taufen und bat uns, ihre Gäste zu sein.
Apostelgeschichte 16,15

■ Lydia hatte in der kleinen jüdischen Gemeinde zum Glauben an Jesus gefunden. Das war in den Augen der Gesellschaft, aus der Lydia kam, nicht gerade etwas Erstrebenswertes. Schon der Kontakt zu diesen seltsamen Männern, die zum Predigen in die Stadt gekommen waren, war eher anstößig als aufregend. Sie dann noch in die eigene hochherrschaftliche Villa zu bitten, kam einem Skandal gleich. Wer davon hörte, hatte allen Grund den Kopf über Lydia zu schütteln.

Doch es sollte noch schlimmer kommen. Die Gäste Lydias wurden schon nach kurzer Zeit inhaftiert. Irgendjemandem hatten sie ein einträgliches Geschäft vermasselt und für allerhand Aufregung gesorgt, sodass die oberste Stadtbehörde sich gezwungen sah, die beiden auspeitschen und ins Verlies stecken zu lassen. Als sie völlig rehabilitiert zu Lydia zurückkehrten, brachten sie gleich noch den Vollzugsbeamten des Stadtgefängnisses mit, der nun auch ein regelmäßiger Besucher in Lydias Haus wurde. Auch er wird nicht gerade eine anerkannte Größe in der sonst so stolzen Stadt Philippi gewesen sein.

Und was war erst mit den Haussklaven, die jetzt regelmäßig bei Lydia am Tisch saßen? Wie konnte sich Lydia nur über die gesellschaftlichen Gepflogenheiten so hemmungslos hinwegsetzen!

Wir wissen, welches Geheimnis diese bunt zusammengewürfelte Truppe im Haus von Lydia zusammengeführt hatte. Ihr Geheimnis war die eine gemeinsame Freude: durch den Kreuzestod von Jesus waren sie befreite und erlöste Menschen. Weil ihnen das mehr wert war als Besitz und Einkommen, als gesellschaftlicher Rang oder militärische Karriere, deshalb konnten sie sich bedenkenlos unter einem Dach treffen.

Was in den Anfangstagen der Gemeinde in Philippi so wunderbar gelang, ist keine Selbstverständlichkeit. Gesellschaftliche Denkstrukturen wurzeln oft tiefer, als wir es uns eingestehen. In der Geschichte der Christenheit und bis heute gibt es genug Beispiele dafür, dass auch Christen viel zu gerne unter sich bleiben und Menschen bevorzugen, mit denen sie Sprache und Kultur, Bildung und Standard verbindet.

Doch an Lydias Hausgesellschaft lernen wir etwas über die Art von Jesus Christus. Denn in jedem Fall ist Jesus genau das, was er von seiner Gemeinde gerne hätte: unbegrenzt offen und zugänglich für jeden, ohne Vorurteile und Erwartungen, ohne Einschränkungen oder Vorleistungen, ihm ist jeder recht.

Theoretisch mag uns das wohl klar sein – es zu glauben oder gar zu leben, ist eine ganz andere Sache. Haben wir nicht manchmal den Eindruck, wir dürften doch nicht mit allem vor Gott erscheinen? Dann mag es sein, dass wir uns für das, was in unserem Leben als Christ eben noch nicht so gut läuft, schämen. Dann bemerken wir Dinge, die wir selbst geflissentlich regeln, weil sie doch unmöglich in Gottes Zuständigkeit fallen, zu simpel für ihn sind oder zu alltäglich. Oder wir zeigen ihm gar nur unser liebenswürdiges Gesicht und verbergen die Enttäuschung und den Zweifel, die in uns nagen, weil wir meinen, das gehöre sich nicht.

Bedingungslos zu lieben, ist keine einfache Sache. Sich bedingungslos lieben zu lassen, ist manchmal auch richtig schwer. Da tritt dann bewusst oder unbewusst ein innerer Ankläger in uns auf. Er liebt es, mit Fingern auf unsere Wunden zu zeigen, und redet uns ein, dass wir damit unmöglich in die Gesellschaft um Jesus passen. Also verbergen wir sie, verstecken sie hinter einer Maske, werfen uns sozusagen in Kleider, die uns gar nicht stehen, nur um gesellschaftsfähig zu sein – wie wir meinen.

Wie gut, dass es Jesus anders meint! Wie gut, dass es in seinem Haus eine große Garderobe gibt, an der wir Mäntel, Masken und Verkleidung ablegen können! Wie gut, dass er uns nimmt, wie wir sind – in Alltagsklamotten, mit Rissen und Flecken und Runzeln!

Je mehr wir aber entdecken, wie ungeschützt wir vor Jesus treten können, umso mehr werden wir befreit vom Urteil über andere.

ZUM NACHDENKEN:

»Wer zu mir kommt, den werde ich nicht hinausstoßen.« *Jesus*

Priszilla

Priszilla

Nichts ist beständiger als der Wechsel

Dort (in Korinth) lernte er (Paulus) einen Juden mit Namen Aquila kennen, der aus Pontus stammte und vor kurzem mit seiner Frau Priszilla aus Italien gekommen war. *Apostelgeschichte 18,2*

■ Die Heimat von Aquila und Priszilla ist die Schwarzmeerküste, der Teil, der heute zur Türkei gehört. Damals gehörte er zu Griechenland. Es wurde folglich Griechisch gesprochen. Von ihrer Abstammung her aber waren die beiden Juden, d. h. ihre Wurzeln hatten sie eigentlich in Palästina und ihre Muttersprache war das Aramäische.

Doch damit nicht genug. Aquila und Priszilla zogen weiter. Die erste Station in der Fremde war Rom, das Zentrum der damaligen Welt. Es könnte sein, dass die Väter der beiden als Sklaven an den Tiber gekommen waren. Es war schließlich üblich, dass ein unterworfenes Volk auch einen Menschentribut zu zahlen hatte. Vielleicht aber waren es auch Kaufleute gewesen oder Gastarbeiter, schlicht Menschen auf der Suche nach einem Ort in dieser Welt, an dem sie überleben konnten.

Weiter erfahren wir, dass Aquila und Priszilla ein Handwerk ausübten. Deshalb traf es sie in Rom wie ein schwerer Schlag, als Kaiser Klaudius die gesamte jüdische Gemeinde aus der Stadt wies. Auf das jüdische Volk waren die Kaiser nie gut zu sprechen. Juden waren ein Volk von Aufrührern, unbeugsam und intolerant. Als die Unruhen in der jüdischen Gemeinde einmal zu heftig wurden – sie waren über einen bestimmten »Chrestus, der unter Pontius Pilatus gekreuzigt worden sei«, in Streit geraten –, verbot er allen Juden, die Stadt Rom jemals wieder zu betreten.

Für Aquila und Priszilla hieß das, nicht nur ihre Mietwohnung zu verlassen, Beziehungen abzubrechen, sondern auch den Betrieb aufzugeben. Ihr Werkzeug konnten sie sicher mitnehmen, aber zu einem Handwerksbetrieb gehört schließlich die Kundschaft, die man sich erst einmal aufbauen muss, gehören Geschäftskontakte, die erst wachsen müssen, gehört bei einer Reise in der damaligen Zeit ein mehrwöchiger oder mehrmonatiger Arbeitsausfall und das ohne Versicherung. Es war schon ein Schlag für sie.

Es fiel ihnen sicher nicht leicht. Aber umso beachtlicher ist es, dass sie es in den folgenden Jahren wieder und wieder taten. Wir lesen, dass Aquila und Priszilla zunächst in Korinth waren, dann mit Paulus weiter nach Ephesus zogen. Im Brief an die römische Gemeinde grüßt sie Paulus dort und als Paulus selbst in Rom ist, sind sie wieder in Ephesus. Das Wanderleben wurde anscheinend beiden zur Gewohnheit. Sie waren zu Weltbürgern geworden, doch überall wo sie hinkamen, hinterließen sie Spuren des Segens und der Freude.

Paulus schreibt einmal über die beiden: »Sie haben sogar ihr Leben für mich aufs Spiel gesetzt. Und nicht nur ich bin ihnen dankbar, sondern auch alle Gemeinden« (Römer 16,4).

Was für eine Unterschrift unter ein Leben! Was für eine Summe unter all die Jahre voll Mühe und Entbehrung. Aquila und Priszilla wussten nicht nur, was sie taten, sondern auch wozu.

Ob das auch unter meinem Leben einmal so klar steht? Oder: Was sehen denn andere an mir? Wissen es die anderen, was mir wichtig ist? Weiß ich es selbst?

Diese Frage ist gar nicht so ohne. An der Beantwortung der Frage, was in meinem Leben wichtig ist, hängt ja mehr als mein guter Ruf. An der Frage, wofür mein Leben steht, entscheidet sich, ob es Erfüllung findet oder nicht, ob es hält, was es verspricht, ob es dem dient, wofür Gott es geschaffen hat.

Wofür bin ich da? Wir können diese Frage als Mahnung hören, dass wir uns nicht damit zufrieden geben, einfach in den Tag hineinzuleben. Wir können sie aber auch als Ermutigung hören: Es gibt für jeden unter uns einen Auftrag, wir sind nicht irgendwer und leben irgendwo, wir glauben nicht irgendetwas und gehen irgendworauf zu – wir sind etwas ganz Besonderes. Gott hat uns dieses Leben geschenkt. Er hat es mit Gaben erfüllt und gesegnet. Und unsere Tage sind dazu geschaffen, dass wir diese Gaben entdecken und einsetzen. Das ist allemal der Mühe wert.

ZUM NACHDENKEN:

»Mein Herz, mein Leben ist vollendet,
und ich kann von mir sagen: er starb alt
und lebenssatt. Der Auftrag, für den Gott
mich gemacht hat, ist erfüllt.«

Helmuth James Graf von Moltke
(vor seiner Hinrichtung im Abschiedsbrief an seine Frau)

Priszilla

Gemeinsam Gott dienen

Paulus wohnte und arbeitete bei ihnen (Aquila und Priszilla), denn sie waren, wie er, von Beruf Zeltmacher. *Apostelgeschichte 18,3*

■ Aquila und Priszilla hatten einen Handwerksbetrieb. Handwerk aber war zu dieser Zeit in jedem Fall Familiensache. Die Trennung von Arbeitsplatz und Privatleben ist erst eine Erfindung der modernen Zeit. Sie waren es also gewohnt, zusammenzuhalten und zusammenzustehen. Warum sollte es dann in der Freundschaft mit Paulus anders sein? Es wird schon seine Gründe haben, warum die beiden, wo immer sie genannt werden, stets als Paar erscheinen.

Als Paar nun entwickelten sie eine besondere Gabe, die Gabe der Gastfreundschaft.

Gerade erst aus Rom gekommen, noch mitten im Aufbau einer neuen Existenz, ließ sich bei ihnen der Reiseprediger Paulus als Gast nieder. Wir dürfen uns das nicht so großartig vorstellen. Aquila und Priszilla hatten sicher kein Eigenheim mit Einliegerwohnung, separatem Eingang und Kochzeile. Wenn Paulus ihr Gast und Mitarbeiter in der

Werkstatt war, dann war er mittendrin. Mit ihm aber war es sein Engagement für Christus.

Zu Anfang war Paulus noch ein Fremder in der Stadt, er verdiente sich seinen Unterhalt selbst, versuchte die Situation zu erfassen und wartete auf Gottes Weisung und Wirken. Doch mit der Zeit wird Paulus Besuche empfangen haben – wo anders als bei Aquila und Priszilla zu Hause. Als dann seine Mitarbeiter Silas und Timotheus kamen, legte er das Handwerkszeug beiseite und verlegte sich ganz auf die Predigt und den Gemeindebau. Damit wurden auch erste Anfeindungen spürbar. Es ging wohl ganz schön zur Sache, aber das Ehepaar stand zu seinem Gast.

Sie lebten eine Gastfreundschaft, die mehr kostete als eine Flasche Wein und eine Tüte Salzstängel zum Knabbern. Gastfreundschaft, wie sie Aquila und Priszilla lebten, braucht viel Mut. Wer wie sie die Türen öffnet, der öffnet damit nicht nur einen Teil seiner Wohnungseinrichtung, der öffnet auch sein Privatleben, der öffnet ein Stück seiner Persönlichkeit, der öffnet ein bisschen sein Herz. Es ist mutig, das Haus zu öffnen und wir öffnen es mit gutem Grund nicht jedem oder jedem gleich. Aber es ist möglich, wenn wir von Gott getragen und geborgen sind. Dann wächst in uns der Mut, uns loszulassen und andere einzulassen.

Gastfreundschaft ist heute eine große Aufgabe und ein weites Feld. Wir ahnen vielleicht nicht, wie viele Menschen einen Ort suchen, an dem Türen, Privatleben und Herzen für andere geöffnet sind. Statistisch kommt auf 100 Menschen, die reden, nur einer, der zuhört. Wir wissen doch selbst, wie wohl es tut, wenn uns einer, zuhört. Wissen Sie, was für eine Möglichkeit unsere Ohren sind, anderen unsere Wertschätzung zu zeigen?